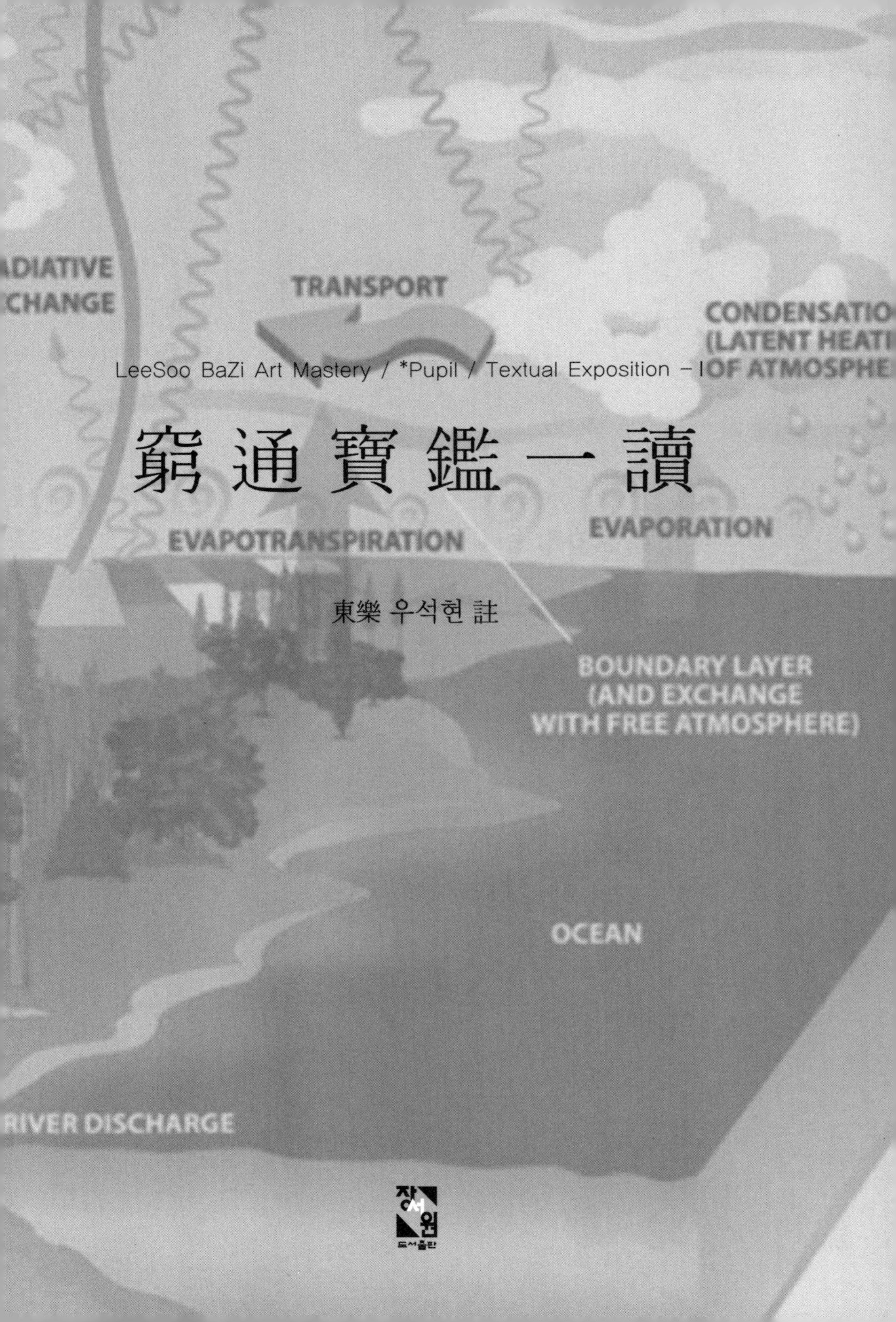

LeeSoo BaZi Art Mastery / *Pupil / Textual Exposition – I

窮通寶鑑一讀

東樂 우석현 註

장서원 도서출판

궁통보감일독(窮通寶鑑一讀)

초판 1쇄 2008년 6월 12일
지은이 東樂 우석현
펴낸이 장석홍
펴낸곳 도서출판 장서원
주 소 서울 용산구 남영동 7-1(201호)
전화 703-5362 팩스 797-5362
등록 제 03-01213호
E-mail shjang1011@hanmail.net

정가 25,000원

自序

궁통보감(窮通寶鑑)의 원래 이름은 난강망(欄江網)인데 이외에도 조화원약(造化元鑰), 여씨용신사연(余氏用神辭淵) 등으로 불린다. 원저자와 저작 연대는 알려져 있지 않고, 인용된 명례(命例)들 가운데 명대(明代)의 인사들이 많으므로 그즈음의 저작으로 추측될 뿐이다. 청말(淸末)에 초남(楚南) 여춘태(余春台)가 난강망을 원편(原編)하며 "실로 명학(命學)의 지남(指南)이자, 자평(子平)의 모범(模範)이라", 궁통보감으로 이름을 고친다고 했다. 이를 근대(近代:1937년)에 동해(東海) 서락오(徐樂吾)가 개편(改編)하였고, 그 후 4년 뒤 보다 풍부한 사례를 추가하여 증보(增補)한 조화원약평주(造化元鑰評註)를 발간(發刊)했다.

궁통보감(窮通寶鑑)은 음양(陰陽)의 기후(氣候), 한난조습(寒暖燥濕)에 충실한 책으로 명리(命理)를 공부하는 학도라면 반복해서 읽어야만 할 필독서(必讀書)의 하나다.

그런데 오행생극(五行生剋)이 위주가 되는 자평이법(子平理法)의 체계와 맞물리지 않는 내용이 많기 때문에 학습자들이 온전히 읽고 소화하는 것이 매우 어렵다. 그래서인지 지금도 궁통보감을 귀하게 여기지 않는 사람들이 꽤 있는데 이것은 궁통보감의 참된 값어치를 몰라서 그런 것이다. 짐작하건대 오랜 기간 궁통보감의 진면목이나 가치가 퇴색된 이유로 후대의 중국 대가(大家)들이 난강망을 해설할 때 명리학(命理學)의 이학(理學)과 기학(氣學)의 동떨어진 관점을 융합시키지 못한 점을 들 수 있다. 다시 말해 부억(扶抑)의 시각과 조후(調候)의 기준이 어떻게 분리되고, 조율되는지를 뚜렷이 밝혀 설명한 바가 없기 때문이다.

가까운 요즈음에 이르러서야 '난강망(欄江網)마스터리'를 정독하며 비로소 궁통보감의 참된 값어치를 헤아릴 수 있었는데, 결론적으로 명리(命理)의 이기(理氣)를 융회관통(融會貫通)한 독보적인 인사만이 중도적인 관점에서 궁통보감을 회득(會得)할 수 있다고 본다. 공부를 하는 사람들은 양사(良師)를 친근(親近)하여 힘써 나아가는 것이 제일 중요하다. 양서(良書) 읽기를 반복하고, 배움을 게을리 하지 않는다면 누구나 깨닫는 경지에 들어설 것이다.

이 책은 서락오(徐樂吾)가 초기에 엮은 궁통보감을 원문(原文)으로 삼아 이수(李修) 스승의 난강망마스터리를 주된 참고 문헌으로 하고 있다. 이외 조화원약평주(武陵)와 조화원약(삼한), 궁통보감정해(명문당), 궁통보감강해(동학사) 등에서 관련된 내용을 더러 살펴 도움을 얻었다. 독자들이 궁통보감을 막힘없이 물 흐르듯 읽어나갈 수 있도록 정리하는 데 주안을 두었으므로 원뜻을 왜곡하거나 훼손시키지 않는 범위에서 가급적 의역(意譯)하여 정리하였다. 모쪼록 다독(多讀)하여 학습의 완성에 좋은 밑거름이 되기를 빈다.

2008년 晩春

東樂 禹碩鉉

차례

■ 五行總論

五行者, 本乎天地之間而不窮者也, 故謂之行,

오행, 그것은 하늘과 땅 사이의 근본으로 막힘이 없는 대상이니 行이라 이른 것이다.

北方陰極而生寒, 寒生水. 南方陽極而生熱, 熱生火. 東方陽散以泄而生風, 風生木. 西方陰止以收而生燥, 燥生金. 中央陰陽交而生溫, 溫生土. 其相生也所以相維, 其相剋也所以相制, 此之謂有倫.

북방은 陰이 極에 달하여 寒을 낳고, 寒은 水를 낳는다. 남방은 陽이 極에 달하여 熱을 낳고, 熱은 火를 낳는다. 동방은 陽이 흩어져 새니 風을 낳고, 風은 木을 낳는다. 서방은 陰이 그쳐 거두니 燥를 낳고, 燥는 金을 낳는다. 중앙은 陰陽을 주고받아 溫을 낳고, 溫은 土를 낳는다. 서로 받쳐 유지하니 相生이라 하고, 서로 제어하고 눌러 相尅이라 하는데 이상을 일컬어 倫이라 한다.

倫 : 앞뒤가 들어맞고 체계가 서는 갈피.

火爲太陽, 性炎上. 水爲太陰, 性潤下. 木爲少陽, 性騰上而無所止. 金爲少陰, 性沉下而有所止. 土無常性, 視四時所乘, 欲使相濟得所, 勿令太過弗及.

火는 태양으로 타오르는 성질이다. 水는 태음이나 아래로 적시는 성질이다. 木은 소양으로 솟아오르고, 그침이 없다. 金은 소음이니 가라앉아 머문다. 土는 일정한 성질이 없이 사계절에 편승, 주관하는데 알맞은 자리를 얻어 相濟하려면 太過弗及해서는 안 된다.

相濟 : 상조(相助), 서로 구제, 조화를 이루다.
太過弗及 : 太過不及, 지나치거나, 미치지 못함.

夫五行之性, 各致基用. 水者基性智, 火者基性禮, 木基性仁, 金基性義, 惟土主信, 重寬厚博, 無所不容 : 以之水, 則水附之而行 ; 以之木, 則木托之而生 ; 金不得土,

則無自出 ; 火不得土, 則無自歸. 必損實以爲通, 致虛以爲明, 故五行皆賴土也.

보통 오행의 성질을 각기 실제에 응용한다. 水는 智, 火는 禮, 木은 仁, 金은 義인데 오직 土만이 信을 주관하여 重寬厚博하니 無所不容하다. 水는 土를 제방삼아 흐르고, 木은 土에 뿌리를 내리고 자라며, 金은 土가 없이 생성될 수 없고, 火는 土가 없이 돌아갈 곳이 없다. 필시 가득 차면 덜어야 통하고, 비어야 밝아지는 고로 오행은 모두 土에 힘입는다.

重寬厚博 : 도량이 두텁고 넓다.
無所不容 : 용납지 않는 것이 없다.

推基形色, 則水黑, 火赤, 木青, 土黃, 此正色也. 及其變易, 則不然. 常以生旺從正色, 死絶從母色, 成形冠帶從妻色, 病敗從鬼色, 旺墓從子色.

형색을 추리하면 水는 黑이요, 火는 赤, 木은 青, 土는 黃으로 이상은 正色이다. 급기야 변하여 바뀌면 자연스럽지 않다. 생왕하면 正色을 따르고, 사절되면 母色을 따르며 관대를 이루면 妻色을 따른다. 病敗가 되면 鬼色을 따르고 旺墓하면 子色을 따른다.

其數則水一, 火二, 木三, 金四, 土五. 生旺加倍, 死絶減半.

數를 보면 水는 一, 火는 二, 木은 三, 金은 四, 土는 五다. 생왕하면 배가되고 사절되면 반감한다.

以義推之, 夫萬物負陰而抱陽, 沖氣以和. 過與不及, 皆爲乖道. 故高者抑之使平, 下者擧之使崇, 或益其不及, 或損其太過. 所以貴在折衷, 歸於中道, 使無有餘不足之累, 卽才官印食貴人驛馬之微意也. 行運亦如之, 識其微意, 則於命理之說, 思過半矣.

뜻을 추리하면 대저 만물이 負陰抱陽하여 沖氣以和한다. 過와 더불어 不及은 모두 道를 어그러지게 한다. 그러므로 높으면 억제하여 수평을 이루고, 낮으면 들어 높이며 모자라면 더하고, 과하면 덜어 낸다. 그런 까닭에 貴는 折衷에 있고, 中道로 돌아가 유여나 부족이 없어야 하니 이것이 財官印食貴人驛馬의 속뜻이라 할 수 있다.

행운 또한 그 뜻을 알게 되면 命理의 반은 넘은 것이다.

負陰抱陽 : 陰陽의 결합
沖氣以和 : 陰陽의 조화

∴ '萬物, 負陰而抱陽, 沖氣以和'는 노자老子의 도덕경道德經 42장 도화道化 편에 나오는 말로 여기서 沖氣란 합合 내지 화和의 의미로 쓰인다. '난강망마스터리'에서는 지지에 양간이 암장되고 음간이 투출한 구조에서 충출沖出되는 사항을 묘사하는 창의적인 탁견을 보였는데, 이것은 命理家 특유의 논리 비약으로 비평될 여지가 있다고 생각된다.

折衷 : 折中, 權衡, 균형이 잡히게 배합.
中道 : 中庸의 도.

∴ 財官印食貴人驛馬에 中道, 折衷의 微意가 있다는 대목에서 六神과 더불어 神殺에도 팔자 배합의 효용이 있다는 스승의 가르침이 있었다.

■ 論木

木性騰上而無所止, 氣重則欲金任使, 有金則有惟高惟斂之德. 仍愛土重, 則根蟠深固, 土少則有枝茂根危之患. 木賴水生, 少則滋潤, 多則漂流. 甲戌, 乙亥, 木之源. 甲寅, 乙卯, 木之鄕. 甲辰, 乙巳, 木之生. 皆活木也. 甲申, 乙酉, 木受剋. 甲午, 乙未, 木自死. 甲子, 乙丑, 金剋木. 皆死木也. 生木得火而秀, 丙丁相同. 死木得金而造, 庚辛必利. 生木見金自傷, 死木得火自焚, 無風自止, 其勢亂也. 遇水返化其源, 其勢盡也. 金木相等, 格謂斲輪. 若向秋生, 反爲傷斧, 是秋生忌金重也.

木의 성질은 위로 솟아 그치지 않으므로 木氣가 重할

때는 金을 써야 거둬들이는 덕을 나타내고 동량의 재목이 된다. 土는 重함을 좋아하는데 木의 뿌리를 깊고 단단하게 내릴 수 있기 때문이다. 土가 적으면 가지는 무성하나 뿌리는 약해지니 위태로운 근심이 있다. 木은 水에 의지하니 水가 적당하면 滋潤하고, 지나치게 과하면 漂流한다. 甲戌과 乙亥는 木의 근원이며, 甲寅과 乙卯는 木의 고향이고, 甲辰과 乙巳는 木의 생지이므로 모두 活木이라 한다. 甲申과 乙酉는 木이 剋을 받으며, 甲午와 乙未는 木이 스스로 死하고, 甲子와 乙丑은 金이 木을 剋하므로 모두 死木이 된다. 生木은 火를 얻으면 수려해지니, 丙丁火가 모두 같다. 死木은 金을 얻으면 다듬어지니 庚辛金이 반드시 이롭다. 生木이 金을 보면 자연히 상해를 당한다. 死木은 火를 만나면 스스로 타버리고, 바람이 없으면 스스로 그치지만 그 기세는 어지럽다. 水를 만나면 근원이 변하는데 이는 그 세력을 다했기 때문이다. 金木의 세력이 비슷하면 착륜(斲輪)함과 같아 격을 이루나, 만약 秋月生이면 오히려 도끼에 상하는 격이 되어 金이 重함을 꺼리게 된다.

活木 : 火가 이롭다.
死木 : 金이 이롭다.
斲輪 : 나무를 깎아 바퀴를 제조.

∴ 궁통보감에서 구분한 활목과 사목의 내용은 납음이 고려된 것으로 크게 괘념치 않아도 무방하다.

木生於春，餘寒猶存。喜火溫暖，則無盤屈之患。藉水資扶，而有舒暢之美。春初不宜水盛，陰濃則根損枝枯。春木陽氣煩燥，無水則葉槁根枯。是以水火二物，既濟方佳。土多而損力，土薄則才豐。忌逢金重傷殘剋伐，一生不閑。設使木旺，得金則良，終生獲福。

木이 봄에 나면 아직 한기가 남아 있다. 火가 온난하게 함을 기뻐하고, 그러면 나무가 굽을 염려가 없다. 더욱이 水가 도우면 서창(舒暢)하는 아름다움이 있다. 초봄에는 水가 왕성한 것이 좋지 않으며, 水가 성하면 음농하여 뿌리가 썩고 잎이 메마른다. 春木은 양기가 상승해서 번조하니, 水가 없으면 잎이 마르고 뿌리도 마른다. 그러므로 水火가 서로 既濟되어야 아름답다. 土가 많으면 기운이 손상되고, 土가 엷으면 재물이 풍족해 진다. 金을 거듭 만나는 것을 꺼리는 것은 극벌(剋伐)로 상해되어, 일생이 한가롭지 못하기 때문이다. 木이 旺하면, 金을 얻어야 좋고 평생토록 福을 누린다.

舒暢 : 뻗어나 자람.
旣濟 : 제 역할을 다함.

∴ 春木은 수화기제(水火旣濟)되어야 귀명이다. 初春에는 한기가 남아 水의 중요성이 덜하지만, 仲春부터는 水가 없는 火가 무용지물에 불과하다. 즉 水가 없이 목화통명(木火通明)을 논할 수 없다는 뜻이다.

夏月之木, 根乾葉操, 盤而且直, 屈而能伸. 欲得水盛而成滋潤之力, 誠不可少. 切忌火旺而招焚化之憂, 故以爲凶. 土宜在薄, 不可厚重, 厚則反爲災咎. 堊金在多, 不可欠缺, 缺則不能琢削. 重重見木, 徒以成林, 疊疊逢華, 終無結果.

여름의 木은 뿌리와 잎이 건조하여, 굽고 휘어진 것이 능히 펼쳐진다. 水가 왕성해야 자윤하는 힘을 가지니, 실로 水가 적으면 안 된다. 火가 旺함을 절대로 기피하는 것은 焚化의 근심을 초래하기 때문이고 이것은 매우 흉하다. 土가 얕은 것이 좋고 두터우면 재앙과 허물이 된다. 金이 많은 것을 싫어하지만 부족한 것도 좋지 않으며, 金이 부족하면 木을 탁삭(琢削)할 수 없다. 거듭하여 木을 보면 무리가 숲을 이루고, 영화가 거듭되지만 끝에는 아무 결실이 없다.

焚化 : 불타 변함.

琢削 : 다듬고 깎음.

추월지목 기점처량 형점조패 초추지시 화기미
秋月之木, 氣漸凄凉, 形漸凋敗。初秋之時, 化氣未
제 우희수토이상자 중추지령 과이성실 욕득강금이
除, 尤喜水土以相滋。中秋之令, 果以成實, 欲得剛金而
수삭 상강후불의수성 수성즉목표 한로절우희화염
修削。霜降後不宜水盛, 水盛則木漂。寒露節又喜火炎,
화염즉목실 목다유다재지미 토후무자임지능
火炎則木實. 木多有多材之美, 土厚無自任之能。

가을의 木은 기운이 점차 차가워지니 형상은 점점 시들어 간다. 初秋에는 火氣가 남아 있으니, 더욱 水土로 돕고 자윤함을 기뻐한다. 中秋의 월령은 과실이 결실을 이룰 때니, 강한 金으로 다듬고자 한다. 상강 이후에 水가 왕성한 것은 좋지 못하며, 水가 성하면 木이 표류한다. 한로에는 火가 강하면 좋은데, 火가 강하면 木이 실해 지기 때문이다. 木이 많으면 재능이 있고, 土가 두터우면 스스로 감당할 힘이 없다.

동월지목 반굴재지 욕토다이배양 악수성이망형
冬月之木, 盤屈在地, 欲土多而培養。惡水盛而忘形。
금총다불능극벌 화중견온난유공 귀근부명지시 목병
金總多不能剋伐。火重見溫暖有功。歸根復命之時。木病

安能輔助, 須忌死節之地, 只宜生旺之方。

겨울의 木은 반굴(盤屈)하여 땅에 있으니, 土가 많으면 배양하고자 한다. 水가 성하면 형체를 잃게 되어 기피한다. 金이 많아도 극벌할 수 없다. 火를 거듭 보아 온난하면 공을 이룬다. 冬木은 뿌리로 돌아가 생명을 다시 시작하는 시기다. 木의 病은 도움을 받아야 치유되니, 모름지기 死絶地를 꺼리고 오직 生旺의 방향으로 향해야 한다.

盤屈 : 굽고 얽혀 꼬부라짐.

■ 甲木總論

春月之木, 漸有生長之象. 初春猶有餘寒, 當以火溫暖, 則有舒暢之美, 水多變剋, 有損精神. 重見生旺, 必用庚金斲鑿, 可成棟樑. 春末陽壯水渴, 藉水資扶, 則花繁葉茂, 初春無火, 增之以水, 則陰濃氣弱, 根損枝枯, 不能華秀. 春末失水, 增之以火, 則陽氣太盛, 燥渴相加, 枝葉乾

고 역불화수 시이수화이물 요득시상제위미
枯, 亦不華秀. 是以水火二物, 要得時相濟爲美.

봄철의 木은 점차 생장하는 象이다. 初春에는 아직 한기가 남아 있으니 응당 火로 온난하게하면 서창하는 아름다움이 있고, 水가 많으면 휀으로 변해 정신이 손상된다. 木을 거듭 보면 생왕하여 반드시 庚金을 用하여 착착(斲鑿)하면 가히 동량의 재목이 될 수 있다. 春末에는 양기가 왕성하여 水가 메말라 水로 적셔 도와주면 꽃이 번성하고 잎이 무성해 진다. 初春에 火가 없고 水가 증가하면, 어둡고 습하여 기가 약해지니 뿌리가 손상되고 가지는 시들어, 화려하거나 빼어날 수 없다. 春末에 水를 잃고 火가 증가하면 양기가 지나치게 왕성하여 조갈이 가중되니 가지와 잎이 시들고 건조해지므로 역시 화려하거나 빼어날 수 없다. 그러므로 水와 火가 相濟를 이루어야 아름답게 된다.

斲鑿 : 깎고, 뚫음.
相濟 : 서로 조화를 이룸.

■ 三春甲木

正月甲木, 初春尙有餘寒, 得丙癸逢, 富貴雙全。癸藏丙透, 名寒木向陽, 主大富貴。倘風水不及, 亦不失儒林俊秀。如無丙癸, 平常人也。

寅月 甲木은 初春에 아직 한기가 남아 있으니, 丙火를 얻고 癸水를 만나면 부귀가 모두 완전해 진다. 丙火가 천간에 투출하고 癸水가 장간에 암장되어 있으면, 한목향양이라 하고 반드시 大富貴를 이룬다. 혹 풍수가 미치지 못해도 역시 유림에서 준수함을 잃지 않지만, 만약 丙癸가 없으면 평상인에 불과하다.

∴ 春木의 목화통명(木火通明)은 관(官)을 꺼리고, 秋金의 금수상함(金水相涵)은 官이 있어도 해롭지 않다. 木火通明不利見官이요, 金水相涵見官無碍하다.

正二月甲木, 素無取從財從殺從化之理。或一派庚辛, 主一生勞苦, 剋子刑妻, 再支會金局, 非夭則貧。如無丙丁, 一派壬癸, 又無戊己制之, 名水泛木浮, 死無棺槨。

如一派戊己，支會金局，爲財多身弱，富屋貧人，終生勞苦，妻晚子遲。或無庚金，有丁透，亦屬文星，爲木火通明之象，又名傷官生財格，主聰明雅秀。一見癸水傷丁，但作厚道迂儒. 或柱中多癸，滋助木神，傷滅丁火，其人奸雄梟險，曹操之徒，言凊行濁，笑裏藏刀。

寅卯月의 甲木은 보통 종재, 종살, 종화의 이치를 취하지 않는다. 혹 한 무리의 庚辛金이 있으면 일생동안 노고하며 처자를 형극하고, 거듭 지지에 金局을 짜면 요절하거나 가난하다. 만일 丙丁火가 없고 한 무리의 壬癸水가 있으면서 또 戊己土가 제어하지 못하면 물이 범람하여 浮木이 되니 죽어서도 들어갈 관마저 없게 된다. 만일 한 무리의 戊己土가 있고 지지에 金局이 되면 재다신약이 되어, 부옥빈인으로 평생 고생하며 처를 늦게 얻고 자식도 늦어진다. 혹 庚金이 없고 丁火가 투하면 역시 文星에 속하므로 목화통명의 상에 이르고, 또 상관생재격이 되어 반드시 인물이 총명, 우아하고 준수하다. 하나의 癸水가 丁火를 상하게 하면 단지 道가 두터우나 유림의 선비와 거리가 멀다. 혹시 사주에 癸水가 많으면 木

을 자윤하여 도아 주지만 丁火를 상멸하니, 이런 인물은 간사하고 사나운 영웅으로 조조와 같은 무리로 말은 바르나 행실은 그릇된 자로 웃음 속에 칼을 감추고 있다.

若庚申、戊寅、甲寅、丙寅。一行金水運，發進士。或甲午日庚午時，此人必貴。但要好運相催，不宜制了庚丁。或支成金局，多透庚辛，此又不吉，號曰木被金傷，若無丙丁破金，必主殘疾。

만약 庚申年 戊寅月 甲寅日 丙寅時 생이 일관되게 金水運으로 흘러가면 진사로 발탁된다. 혹 甲午日 庚午時生이면 이 사람은 필히 귀해진다. 단 좋은 運이 서로 도와야 하며 庚을 丁이 제극하는 것은 좋지 않다. 혹 지지에 金局을 이루고 천간에 庚辛이 투하면 이 또한 불길한데 木이 金에 의해 상한 것으로 이때는 丙丁火로 金을 파하지 않으면 필시 잔병이 많다.

或支成火局，洩露太過，定主愚懦，常有啾唧災病纏身，終有喑疾. 支成木局，得庚爲貴，無庚必凶，若非僧道，男主鰥孤，女主寡獨。支成水局，戊透則貴，如無戊制，不但貧賤，且死無棺木。故書曰： 甲木若無根，全賴申子辰，干得財殺透，平步上靑雲。

혹 지지에 火局을 지어 설기가 지나치면, 어리석고 나약하며 항상 두리번거리고 재난과 질병이 있으며 결국 남이 모르는 병을 갖는다. 지지에 木局을 이루면 庚金을 얻어야 귀하게 되고 庚金이 없으면 필히 흉하며 만약 승도가 아니면 남자는 홀아비 여자는 과부가 된다. 지지에 水局을 이루고 戊土가 투하면 귀하고 戊土의 제함이 없으면 다만 빈천할 뿐 아니라, 또 죽어서도 들어갈 관도 없게 된다. 고서에 이르길 "만약 뿌리가 없는 甲木은 오직 申子辰에 의지하고 이때 천간에 財殺이 투하면, 平步로 높은 지위까지 올라간다."

平步 : 인수(印綬)의 덕을 보지 못해 후원이나 원조 없이 자력으로 전진함.

凡三春甲木，用庚者，土爲妻，金爲子。用丁者，木爲妻，火爲子.

무릇 三春 甲木은 庚金을 用하면 土가 처요, 金이 자식이다. 丁火를 用하면 木이 처요, 火가 자식이다.

總之正二月甲木，有庚戊者上命。如有丁透，大富大貴之命也.

총론해서 寅卯月의 甲木은 庚金과 戊土가 있으면 上命이다. 만일 丁火까지 있어 透하면 대부대귀명이다.

二月甲木，庚金得所，名陽刃駕殺，可云小貴，異途顯達，或主武職，但要財資之。柱中逢財，英雄獨壓萬人。若見癸水，困了財殺，主爲光棍，重刃必定遭凶。性情凶暴。書曰： 木旺宜火之光輝，秋闈可試。木向春生，處世安然有壽. 日主無依，却喜運行財地。

卯月 甲木에 庚金이 득소하면 양인가살이라 하여 小貴함이 가능하고, 이도로 현달하니 혹 무직에 종사하기 쉬운데 財의 도움을 필요로 한다. 양인가살에 財가 있으면 만인을 제압하는 영웅의 팔자가 된다. 만약 癸水가 있으면 財殺을 곤란하게 만들어 빛을 잃게 하고, 거듭 양인을 보면 반드시 흉액이 따르며 성정이 흉폭 해진다. 書에 이르길, 木이 왕하면 마땅히 火의 광휘가 있어야 秋闈可試한다고 했다. 木이 봄에 나면 처세가 안정되고 자

연스러우며 수명이 길다. 일주가 身旺無依하면 재운으로 흘러야 길하다.

秋闈可試 : 명청대(明淸代) 가을에 실시된 향시(鄕試)에 합격.

삼월갑목 목기상갈 선취경금 차용임수 경임량
三月甲木, 木氣相竭。先取庚金, 次用壬水。庚壬兩
투 일방감도 단요운용상생 풍수음덕 방허부귀
透, 一榜堪圖。但要運用相生, 風水陰德, 方許富貴。

辰月 甲木은 木氣가 고갈되니 먼저 庚金을 취하고 壬水를 다음으로 쓴다. 庚壬이 같이 투출하면 일방감도(一榜堪圖)한다. 단 運과 用이 상생해야 하고 풍수의 음덕이 있으면 가히 부귀를 허락한다.

一榜堪圖 : 과거시험의 합격 명단에 첫 번째로 이름을 올림.

혹견일이경금 독취임수 임투청수지인 재학필부
或見一二庚金, 獨取壬水。壬透淸秀之人, 才學必富。
혹천간투출이병 경장지하 차둔부무강 부귀난구 약
或天干透出二丙, 庚藏支下, 此鈍斧無鋼, 富貴難求。若
유임계파화 감작수재
有壬癸破火, 堪作秀才。

혹 한두 개의 庚金을 보면 오직 壬水만 취하여 쓴다. 壬이 투하면 청수한 사람으로 재주와 학식이 있고 반드시 부자다. 혹 천간에 두 개의 丙火가 투출하고 庚金이 암장되어 있으면 강하지 않은 무딘 도끼가 되어 부귀를 구하기 어렵다. 만약 壬癸水가 있어 火를 파하면 수재다.

或主中全無一水, 戊己透干, 支成土局, 又作棄命從財, 因人而致富貴, 妻子有能。

혹 사주 중에 水가 하나도 없고 戊己가 透했는데 지지에 土局을 이루면 기명종재가 되고, 타인으로 인해 부귀를 이루며 처자가 유능하다.

或見戊己, 及比劫多者, 名爲雜氣奪財, 此人勞碌倒老, 無馭內之權。女命合此, 女掌男權, 賢能內助, 若比劫重見, 淫惡不堪。或支成金局, 方可用丁, 不然, 三月無用丁之法。惟有先庚後壬取用。書曰 : 甲乙生寅卯, 庚辛干上逢, 離南推富貴, 坎地卻爲凶。

혹 戊己土를 보고 比劫이 많으면 잡기탈재라 하고, 이런 사람은 늙도록 고생하고 집안의 권위를 세울 수 없다. 여명도 이와 합치하니 여자는 가장의 권한을 장악하고 현명하게 내조할 수 있으나, 만약 比劫을 거듭 본다면 음란하고 악함을 감당할 수 없다. 혹 지지에 金局을 이루면 비로소 丁火를 쓰는데 그렇지 않으면 辰月에 丁火를 쓰는 용법은 없다. 오직 庚金을 먼저 쓰고 그 후에 壬水를 취해서 쓴다. 書에 말하기를 "甲乙이 寅卯月에 태어나 천간에 庚辛金을 보게 되면 南方運에 부귀하고, 北方運에 흉하다"고 했다.

삼하갑목

■ 三夏甲木

사월갑목퇴기 병화사권 선계후정

四月甲木退氣, 丙火司權, 先癸後丁。

巳月 甲木은 퇴기하여 丙火가 권리를 잡으니 먼저 癸水를 쓰고 이후에 丁火를 쓴다.

경금태다 갑반수병 약득임수 방배득중화 차인성

庚金太多, 甲反受病。若得壬水, 方配得中和, 此人性

호청고 가장부귀 즉음습현달 종일호작화란 선변교

好淸高, 假裝富貴。則蔭襲顯達, 終日好作禍亂, 善辨巧

담 희작시문 차리최험

談, 喜作詩文. 此理最驗。

庚金이 지나치게 많으면 甲木이 오히려 병을 얻으니, 만약 壬水를 얻으면 비로소 중화를 얻어 이런 사람의 성정은 청고함을 좋아하고 부귀를 가장한다. 즉 음덕으로 현달하지만 끝에 가서는 화란을 일으키고 좋은 언변과 교묘한 말로 시문 짓기를 좋아한다. 이러한 이치는 확실하게 경험할 수 있다.

∴ 부귀가장(富貴假裝)은 편인성의 특징이다.

如一庚二丙，稍有富貴。金多火多，又爲下格。

만약 한 개의 庚金과 두 개의 丙火가 있으면 약간의 부귀는 있다. 金도 火도 많으면 하격이 된다.

或癸丁與庚齊透天干，此命可言科甲，卽風水淺薄，亦有選拔之才．癸水不出，雖有庚金丁火，不過富中取貴，異途官職而已。壬透可云一富，若全無點水，又無庚金丁火，一派丙戊，此無用之人也。

혹 癸丁과 더불어 庚金이 천간에 투하면 가히 科甲을 말할 수 있다. 이른바 풍수가 천박해도 발군의 재능이 있다. 癸水가 투출하지 않고 庚金, 丁火가 있으면 富中取貴하는 정도거나, 異途官職하는 것에 불과하다. 壬水가 투하면 가히 부자라 할 수 있는데 만일 일점의 水氣가 없고 또 庚金과 丁火도 없이 한 무리의 丙戊만 있다면 아무런 쓸모가 없는 인간이 된다.

科甲 : 장원급제
富中取貴 : 재물로 권력을 구함.
異途官職 : 과거를 통하지 않고 벼슬길에 나아감.

五六月甲木, 木性虛焦, 一理共推。五月先癸後丁, 庚金次之. 六月三伏生寒, 丁火退氣. 先丁後庚, 無癸亦可. 或五月乏癸, 用丁亦可, 要運行北地爲催.

午月과 未月의 甲木은 木의 성질이 공허하고 불타니 하나의 통일된 이치로、같이 추리한다. 午月 甲木은 먼저 癸水를 쓰고 후에 丁火을 쓰며, 다음으로 庚金을 쓴다. 未月 삼복에는 한기를 생하니 丁火의 기운이 물러난다. 먼저 丁火를 쓰고 나중에 庚金을 쓰며 癸水가 없어도 역시 가하다. 혹 午月에 癸水가 부족하면 丁火를 용해도 무방하며 이때는 運이 北方으로 흘러야 한다.

總之五六月用丁火, 雖運行北地, 不致於死. 欲不利運行火地, 號曰木化成恢, 必死. 行西程又不吉, 號曰傷官遇殺, 不測災來, 惟東方則吉, 北方次之. 此五六月用丁之說也.

정리하면 午未月 甲木에 丁火를 쓰면 運이 北方으로 흘러야 죽음에 이르지 않는다. 運이 南方으로 가면 이롭지 않는데 나무가 재로 변하는 것처럼 필시 죽는다. 運이 西方으로 흘러도 불길한데 이는 傷官이 殺을 만나면 예측할 수 없는 재앙이 따를 수 있는 것과 같고 오직 東方으로 흘러야 길하고 北方은 차선이다. 이것이 午未月 丁火를 쓰는 용법이다.

凡用神太多, 不宜剋制, 須洩之爲妙。

대체로 용신이 지나치게 많으면 剋制하는 것이 마땅하지 않고 모름지기 洩氣하는 것이 묘하게 된다.

∴ 여기서 용신은 격국용신인 丙丁火를 말한다.

五六月甲木, 木盛先庚, 庚盛先丁. 五月癸庚兩透, 爲上上之格. 六月庚丁兩透, 亦爲上上之格. 用神旣透, 木火通明, 自然大富大貴. 或丁火太多, 癸水亦多, 反作平人.

午未月 甲木이 木이 성하면 먼저 庚金을 쓰고 庚金이

성하면 먼저 丁火를 쓴다. 午月에 癸庚이 모두 투하면 최상격이 된다. 未月에 庚丁이 모두 투하면 역시 최상격이 된다. 火가 용신인데 이미 투출 했다면 木火通明이라 자연 대부대귀 한다. 혹시 丁火가 지나치게 많거나 癸水 역시 많으면 오히려 평인에 불과하다.

若住中多金, 名曰殺重身輕, 先富後貧, 運不相扶, 非貧則夭。或庚多, 有一二丙丁制伏, 又有壬癸透干, 泄金之氣, 此又有先貧後富。

만약 사주에 金이 많으면 살중신경이라 하여 처음에는 부자이나 나중에는 가난하고, 運이 돕지 않으면 가난하거나 요절하게 된다. 혹 庚金이 많으면 한두 개의 丙丁火가 있어 제복하고 또 壬癸水가 천간에 투하여 金氣를 洩하면 처음은 가난하나 나중에는 부유해진다.

或滿柱丙火, 又加丁火, 不見官殺, 謂之傷官傷盡最爲奇, 反成淸貴, 定主才學過人, 科甲有望, 但歲運不宜見水. 若柱中有壬水, 運又逢水, 必貧夭死。

혹 사주에 丙火가 있고 또 丁火가 있는데 관살이 없으

면 傷官傷盡이 되어 최고로 기이한 것이 되어 도리어 청귀하여 재주와 학문이 뛰어난 사람이며 과갑이 유력하나, 단 歲運에서 水를 보는 것이 좋지 않다. 만약 사주에 壬水가 있고 또 水를 만나면 반드시 가난하거나 요절하게 된다.

傷官傷盡 : 상관패인이나 상관생재 같이 팔자에 관살을 보지 않고 성격된 경우를 말한다.

단범목화상관자 총명지교 각시인동심이 다견다
但凡木火傷官者, 聰明智巧, 卻是人同心異, 多見多
의 수불생사해인 매포기투지상 녀명일리동추
疑, 雖不生事害人, 每抱忌妒之想, 女命一理同推。

대체로 木火상관은 총명하고 지혜가 교묘하며, 사람이 겉과 속이 다르고 생각과 의심이 많고 비록 사람을 해치지는 않으나, 매사 시기 질투하는 생각을 품고 있는데 이는 남녀가 동일하다.

혹사주다토 간상유을목 절물작기명종재
或四柱多土, 干上有乙木, 切勿作棄命從財。

혹 사주에 土가 많아도 天干에 乙木이 있으면, 절대로 기명종재가 되지 않는다.

시월량투기토 명이토쟁합 남주분류 녀주음천 견
時月兩透己土, 名二土爭合, 男主奔流, 女主淫賤。見

二甲則不爭矣，亦屬平庸之輩。或四柱有辰，干見二己二甲，此人名利雙全，大富大貴。

時月에 己土가 모두 투하면 爭合이 되어 남자는 주로 분주하고, 여자는 주로 음란하고 천하다. 이때 甲木이 天干에 두 개 있으면 爭은 아니나 역시 평범한 사람에 불과하다. 혹 사주에 辰이 있고 天干에 두 개의 己土와 甲木이 있으면 이런 사람은 명리가 모두 온전하고 대부대귀하게 된다.

若在六月，見辰支，名爲逢時化合格。以癸水爲妻，丁火爲子。若二己一甲爭合。取支中比劫爲用。以甲爲用者，壬癸爲妻，甲乙爲子。

만일 未月이 지지에 辰을 보면 때를 만나 化合格이 성립된다. 이때 癸水가 처가 되고 丁火가 자식이 된다. 두 개의 己土와 한 개의 甲木이 쟁합하면 지지에 비겁이 있어야 한다. 이때 甲木을 用하므로 壬癸를 처로 보고 甲乙을 자식으로 본다.

∴ 육친성과 무관하게 용신을 자식으로 보고 희신을 처로 본다.

其餘用庚者, 土妻金子。用丁者木妻火子。女命以妻作夫, 用作子。十干皆同。

그 외 庚金을 用할 때는 土가 처가 되고 金이 자식이 된다. 丁火를 用하면 木이 처가 되고 火가 자식이 된다.

여명은 처를 남편으로 보고 用을 자식으로 본다. 이는 十干이 모두 동일하다.

或是己土, 不見戊土, 乃爲假從, 其人一生縮首, 反畏妻子。若無印綬, 一生貧苦。六月尤可, 五月決不可。

혹 己土가 있는데 戊土를 보지 못하면 가종이 되어 이런 사람은 일생 위축된 가장이되어 가권을 쥐지 못하고 오히려 처와 자식을 두려워한다. 만약 印綬가 없으면 일생 빈고하다. 未月에는 그것이 가능 하지만 午月에는 결코 불가하다.

∴ 재다신약이라도 未月에는 甲木이 통근하나 午月에는 無根이다.

■ 三秋甲木總論

三秋甲木, 木性枯槁, 金土乘旺, 先丁後庚, 丁庚兩全, 將甲造爲畫戟, 七月甲堪爲戟, 非丁火不能造庚, 非庚不能造甲, 丁庚兩透, 科甲定然。庚祿居申, 殺人相生, 運行金水, 身伴明君。或庚透無丁, 一富而已, 主爲人操心太重, 不能坐享。或丁透庚藏, 亦主淸衿小富。或庚多無丁, 殘疾病人, 若爲僧道, 災厄可免。

가을 甲木은 목성이 시들고 마르나 金土의 기운은 왕성하여 먼저 丁을 쓰고 다음에 庚을 사용한다. 丁 庚을 모두 갖추면 장차 甲은 창의 자루로 만들 수 있고, 丁火가 아니면 능히 庚을 다룰 수 없고 庚金이 아니면 甲을 다룰 수 없으니 丁庚이 모두 투하면 자연스럽게 科甲을 이룬다. 庚金이 록지인 申에 거하면 殺印相生이 되어 金水運으로 가면 明君과 벗하게 된다. 혹 庚이 투하고 丁이 없으면 부자이나 지나치게 조심성이 많고 안락하게 지내지 못하는 사람이 된다. 혹 丁火가 투하고 庚이 암장되면 역시 청년기에 小富를 이루고, 庚金이 많고 丁火

이 없으면 잔병이 많고 혹 출가하여 승도가 되면 재액은 면한다.

∴ 秋木이 金을 만나면 진신이 용신이 되어 귀격이 되기 쉽다. 이때 반드시 庚金은 丁火로 단련되어야 기물을 이룬다. 따라서 三秋 甲木은 甲庚丁의 조합으로 벽갑인정(劈甲引丁)을 이루면 귀격이다.

或四柱庚旺, 支內水多, 不作棄命從殺。見土多可作從才而看。

혹 사주에 庚金이 왕한데 지지에 水가 많으면 기명종살을 이루지 못한다. 土가 많으면 종재로 보게 된다.

庚多無癸, 而壬水多, 戊己亦多, 此則專用一點丁火, 方可制金以養群土, 此命大富。丁藏富小, 不顯。丁露定作富豪.　得二丁, 不坐死絕, 必然富貴雙全, 則風水不及, 亦可富中取貴, 納粟奏名。

庚金이 많고 癸가 없거나 壬水가 많고 戊己가 역시 많으면 이는 오직 일점의 丁火를 취하여 金을 제하고 土를 배양하면 이런 명조는 大富가 된다. 丁이 암장되면 小富

이고 현달하지 못한다. 丁火가 천간으로 노출되면 반드시 부호가 된다. 두 개의 丁火가 있어 死絶地에 좌하지 않으면 반드시 부귀가 온전하며, 조상의 음덕이 없어도 역시 富中取貴하여 納粟奏名한다.

富中取貴 : 재물로 권력을 구함
納粟奏名 : 재물을 바쳐 이름을 얻음

或癸疊疊制伏丁火，雖滿腹文章，終難顯達。得運行火土，破癸，略可假就功名，歲運皆背，刀筆之徒。支成水局，戊己透干，制去癸水，存其丁火，又可云科甲，但此等命，主爲人心奸巧詐，好訟爭非，因貪致禍。奸險之徒，抉非安份之人也。

혹 癸水가 거듭 있어서 丁火를 제복하면 비록 학문이 뛰어나도 끝내는 현달하기 어렵다. 火土運으로 향하여 癸水를 파하면 약간의 공명을 얻으나 歲運이 모두 배반하면 刀筆을 다루는 무리에 불과하다. 지지에 水局을 이룰 때 戊己가 투간하여 癸水를 제거하고 丁火를 보존하면 과갑은 가능하지만, 이런 사람은 간교하고 간사하여 송사시비를 좋아하여 탐욕으로 화를 부르게 된다. 간사하고 위험한 무리이므로 결코 安份한 인물이 아니다.

刀筆 : 문서를 다루는 하급관리
安份 : 편안하고 밝음

∴ 가을甲木에 丁火의 역할은 庚을 단련하여 貴, 戊를 생재하여 富를 이룬다.

■ 三秋甲木

七月甲木, 丁火爲尊, 庚金次之, 庚金不可少。火隔水不能鎔金, 故丁火鎔金, 必賴甲木引助,

方成洪爐。若有癸水阻隔, 便滅丁火, 壬水無礙, 且能合丁, 但須見戊土, 方可制水存火。

申月 甲木은 丁火를 으뜸으로 하고 庚金을 차선으로 하는데 庚金이 적으면 안 된다. 火가 水로 제복되면 金을 녹일 수 없고 丁火로 金을 녹이려면 甲木의 조력에 있어야 큰 용광로를 만들게 된다. 만약 癸水가 옆에 있어 제복하면 곧 丁火는 소멸되고, 壬水는 장애는 없지만 丁을 합할 수 있으므로 모름지기 戊土를 보아 水를 제

하고 火를 보존해야만 마땅하다.

팔월갑목 목수금왕 정화위선 차용병화 경금재차
八月甲木, 木囚金旺. 丁火爲先, 次用丙火, 庚金再次.

酉月 甲木은 木이 수(囚)하고 金이 旺하다. 丁火를 우선 쓰고 다음에 丙火를 쓰고 庚金은 그 다음에 쓴다.

∴ 酉月 갑목에 丁丙庚이 같이 투하면 최상격이 된다. 丁으로 金을 제련하고 丙으로 조후한다.

일정일경 과갑정현 계수일투 과갑불전
一丁一庚, 科甲定顯。癸水一透, 科甲不全。

하나의 丁 하나의 庚이 있으면 자연 과갑하고 현달한다. 癸水가 하나 투하면 과갑하기 어렵다.

병경량투 부대귀소 병정전무 승도지명 병투무계 부귀쌍전 유계제병 심상지인 지성화국 가허가귀 무기일투 가작부옹
丙庚兩透, 富大貴小。丙丁全無, 僧道之命。丙透無癸, 富貴雙全。有癸制丙, 尋常之人。支成火局, 可許假貴, 戊己一透, 可作富翁。

丙庚이 모두 투하면 富는 크나 貴는 작다. 丙丁火가 전혀 없으면 승도의 명이다. 丙만 투하고 癸가 없으면 부귀가 완전하나 癸가 丙을 제하면 평상인이다. 지지에 火국을 이루면 약간의 귀는 있고 戊己중 하나가 투하면 늙어서 부자가 된다.

∴ 격국을 성격시키면 貴, 조후의 요건만 충족시키면 富로 보며 양자 모두 구비되면 최상격이다.

或支成金局，干露庚金，爲木被金傷，必主殘疾，得丙丁破金，亦主老來暗疾。或支成木局，干透比劫，反取庚金爲先，次用丁火。

지지에 金국을 이루고 庚金이 천간에 투하면 木은 金의 상해를 받아 반드시 질병이 있고, 丙丁를 얻어 金을 파해도 역시 노년에 질병이 있다. 혹 지지에 木국을 이루고 천간에 비겁이 투하면 오히려 庚金을 취하는 것이 먼저고 다음으로 丁火를 쓴다.

∴ 金局으로 태왕해진 金氣는 丙丁이 투해도 유근유력 하지 않으면 불리함을 면키는 어렵다. 즉 적천수에 "成局官透一官星 左邊右變空碌碌"의미와 동일.

九月甲木，木星凋零，獨愛丁火，壬癸滋扶，丁壬癸透，戊己亦透，此命配得中和，可許一榜. 庚金得所，科甲定然.

戌月 甲木은 木星이 시들고 마르니 오직 丁火와 壬癸

의 자부를 좋아하므로 丁壬계가 투하고 戊己가 역시 투하면 배합의 중화를 얻어 일방을 허락한다. 庚金이 得所하면 자연 과갑을 이룬다.

得所 : 장간에 있으면서 생지를 얻거나 刑沖되어도 干支전자로 구비된 것.

或見一二比肩, 無庚金制之, 平常人也. 倘運不得用, 貧無立錐. 一命, 甲辰, 甲戌, 甲辰, 甲戌, 身伴明君, 富貴壽考, 此爲天元一氣, 又名一財一用. 遇比用財, 專取季土. 或見庚丙, 可許入泮, 白手成家. 用火者木妻火子, 子肖妻賢.

혹 한두 개의 比肩이 있는데 庚金이 제하지 않으면 평상인이다. 혹 運을 얻지 못하면 빈무입추(貧無立錐)의 지경에 처한다. 혹 甲辰年 甲戌月 甲辰日 甲戌時 命이면 군왕을 가까이 모시고 부귀와 수복을 누리며 이것을 天元一氣 또는 一財一用라 한다. 이때는 比肩이 있는데 財를 용할 수 있으니 전적으로 사계의 土를 취한 것이다. 혹 庚丙을 얻으면 入泮하게 되며 자수성가한다. 火를 용하면 木이 처요 火가 자식인데 처는 어질고 자식은 부모를 닮아 효도한다.

貧無立錐 : 가난하여 송곳하나 꽂을 땅도 없음.
天元一氣 : 천간이 하나의 동일한 오행으로 이루어 짐.
一財一用 : 용신이 하나의 동일한 오행으로만 있는 것.
入泮 : 부, 현의 학교에 들어가 생원이 되는 것.

∴ 천원일기격은 체용이 모두 청하여 부귀장수를 누린다.

或四柱木多, 用丙用丁, 皆不足異, 耑用庚金爲妙。凡四季甲木, 總不外呼庚金。譬如木爲犁, 能疏季土, 非庚爲犁嘴, 安能疏土, 雖用丙丁, 癸庚決不可少也。九月卻不取土妻庚子, 當取水妻木子。凡甲木, 多見戊己, 定作棄命從財而看. 從財格, 取火妻土子。

혹 사주에 木이 많으면 丙이나 丁火을 쓰는 것이 이상할 것은 없지만 庚金을 써야만 묘하다. 무릇 사계 辰戌丑未月의 甲木은 모두 庚金을 도외시 할 수 없다. 비유하자면 木은 쟁기에 해당하여 능히 소토해야 하는데 庚金이 쟁기의 부리가 안 되면 어찌 능히 소토할 수 있는가, 비록 丙丁을 쓰더라도 癸庚이 적으면 결코 불가하다.

戊月 甲木은 土처金자를 취하지 않고, 당연히 水처木자를 취한다. 무릇 甲木은 戊己土를 많이 보면 棄命從財格으로 간주하는데 종재격은 火처土자를 취한다.

棄命從財 : 일간이 자신을 버리고 재성으로 종하는 것.

∴ 戊月 甲木이 戊己土를 많이 보면 기명종재가 되기도 하지만 辰月과 未月은 유근하여 좀체 기명종재하는 법이 없다.

或見一派丙丁傷金, 不過假道斯文, 有壬癸破了丙丁, 技藝之流。無壬癸破火, 支又成火局, 乃爲枯朽之木, 有庚亦何能爲力, 定作孤貧下賤之輩, 男女一理。

혹 한 무리의 丙丁이 있어 金을 상하면 假道斯文에 불과하고, 壬癸가 있어 丙丁을 파하면 기예인에 불과하다. 壬癸가 火를 파하지 않고 지지에 또 火국을 이루면 말라 썩은 나무가 되니 庚이 있어도 힘이 되지 못하여 필히 고빈하고 하천한 무리가 되며 남녀가 모두 같은 이치다.

假道斯文 : 거짓된 儒林의 도.

∴ 미약한 官이 상관을 보면 사기성이 있다고 했다.

혹유가상관 득지봉생 차정합갑을추생귀원무지설
或有假傷官, 得地逢生, 此正合甲乙秋生貴元武之說,

용수제상관자 이금위처 수위자
用水制傷官者, 以金爲妻, 水爲子。

혹 가상관을 이루고 得地해서 생하면, “甲乙秋生貴元武”라 했으니 이는 水를 용하여 상관을 제하는 것이다. 이때 金을 처로 삼고 水로 자식으로 삼는다.

得地 : 천간의 오행이 지지에 통근 함.

∴ 甲乙秋生貴元武 : 가을생 木이 북방의 壬癸를 용신으로 취하여 성격되면 귀하게 된다.

혹정무구다 총불견수 우위상관생재격 역가운부귀
或丁戊俱多, 總不見水, 又爲傷官生財格, 亦可云富貴,

차격취화위처 토위자
此格取火爲妻, 土爲子。

혹 丁戊를 많이 갖추고 水가 없으면 상관생재격이 되어 역시 부귀하다고 할 수 있는데, 이것은 火를 처로 土를 자식으로 삼는다.

∴ 傷官生財格이 될 때 戌宮에 丁戊가 모두 있으므로 이렇게 동궁에서 투하면 유정과 유력이 겸비된 것으로 상격이 되는 것이다.

범갑다경투 대귀 경장 소귀 약 중다경 즉우이
凡甲多庚透, 大貴。庚藏, 小貴。若柱中多庚, 則又以

丁爲奇, 富貴人也。如庚申年、丙戌月、甲申日、壬申時, 此主功名顯達, 有文學。若無庚丙年月, 又無火星出干, 雖曰好學, 終困名場。

대체로 甲이 많고 庚金이 투출하면 대귀하고, 庚이 암장되면 귀가 작다. 만약 사주 중에 庚이 많으면 丁火가 있어야 기이하고 부귀한 사람이다. 가령 庚申年 丙戌月 甲申日 壬申時 生은 반드시 공명현달하고 문학에 뛰어나다. 만약 年月에 庚丙이 없고 또 火가 투간하지 않는다면 비록 학문은 좋아해도 종래는 명성을 떨치지 못한다.

∴ 오행의 생극제화 이법으로 격국의 성패를 판단한 연후 조후십간용신으로 귀천과 격의 고저를 살핀다.

九月甲木, 耑用丁癸, 見戊透必貴. 如戊戌, 壬戌, 甲子, 甲申, 支成水局, 干有壬水, 正合貴元武之說. 配得中和, 一榜之命, 家計豐足. 但庚丁未透出干, 不能館選.

戌月 甲木은 오직 丁癸를 사용하는데, 戊가 투하면 필히 귀하다. 가령 戊戌年 壬戌月 甲子日 甲申時 生이면 지지에 水局을 이루고 천간에 壬水가 있어 귀원무설과

일치한다. 즉 배합을 얻어 중화를 이루니 좋은 명이고 집안도 풍족하였다. 단 천간에 庚丁이 투출하지 않아 큰 벼슬을 하지 못했다.

∴ 三秋 甲木의 貴는 丁庚으로 조율함이 원칙이다. 이중 戌월 甲木은 丁癸의 상관패인, 丁戊의 상관생재, 戊癸의 재격투인이 귀격의 전형이다. 이때 壬癸를 용하여 성격되면 '갑을추생귀원무'의 설에 합당한 것이다.

甲乙比肩, 又逢比劫運, 主兄弟劫財爭訟, 刑妻損子。

甲乙生正二月, 無制無洩, 主長髮師姑。

甲乙 비겁이 있는데 또 比劫運을 만나면 반드시 형제간 재물로 분쟁과 소송이 일어나고 처를 刑하고 자식을 손상시키게 된다. 甲乙일주가 寅卯月에 나서 신왕할 때 木을 制, 洩하지 않으면 외롭고 고단한 삶을 살아간다.

■ 三冬甲木

十月甲木, 庚丁爲要, 丙火次之. 忌壬水泛身, 須戊土制之.

亥月 甲木은 庚丁이 필요하며 丙火는 그 다음이다. 壬水는 木을 뜨게 하여 꺼리니 반드시 戊土로 제해야 한다.

∴ 亥月 甲木에 庚을 쓰면 인봉관살, 丁을 쓰면 인용식상, 戊를 쓰면 인다용재로 성격 된다. 丙을 용하면 寒木向陽하여 조후가 되어 귀격을 이룬다.

若庚丁兩透, 又加戊出干, 名曰去濁留淸, 富貴之極, 則乏丁火, 亦稍有富貴。或甲多制戊, 庚金無根, 平常人也. 庚戊若透, 雖出比劫, 必定富而壽。

만약 庚丁이 모두 투하고 戊가 또 투간하면 거탁유청(去濁留淸)이라 하여 부귀가 아주 높고, 丁火가 없으면 부귀는 있으나 작다. 혹 甲木이 많아 戊를 제하고 庚金이 무근하면 평상인에 불과하다. 庚戊가 만약 투하면 비록 比劫이 투해도 필시 부자로 장수한다.

去濁留淸 : 탁함을 제거하고 청함이 남음

或多比劫, 只一庚出干, 坐祿逢生, 乃爲捨丁從庚, 略富貴. 或支見申亥, 戊己得所, 以救庚丁, 可許科甲. 若單己

투 기력약소 불과공감이이 용경 토처금자 용정 목
透, 其力弱小, 不過貢監而已. 用庚, 土妻金子. 用丁, 木
처화자
妻火子.

혹 比劫이 많은데 庚金 하나만 출간하여 록에 앉고 生을 받으면 丁을 버리고 庚金을 쓰는 것이 약간의 부귀는 있다. 혹 지지에 申亥가 있고 戊己가 득소하면 庚丁을 구하므로 과갑할 수 있다. 만약 己土만 투하면 그 힘은 작고 약하여 貢監에 불과하다. 庚을 용하면 土는 처요 金은 자식이다. 丁을 용하면 木은 처요 火는 자식이다.

貢監: 조세나 곡물을 관리하는 관리

∴ 자식은 용신이고 처는 희신으로 보면 별 무리가 없다.

십일월갑목 목성생한 정선경후 병화좌지 계수사
十一月甲木, 木性生寒, 丁先庚後, 丙火佐之。癸水司
권 위화금지병 경정량투 지견사인 과갑유준 풍수
權, 爲火金之病。庚丁兩透, 支見巳寅, 科甲有准, 風水
불급 선발유지 약계투상정 무무기보구 잔질지인
不及, 選拔有之。若癸透傷丁。無戊己輔救, 殘疾之人。
혹임수중출 정화전무자 용인야 득병방묘
或壬水重出, 丁火全無者, 庸人也, 得丙方妙。

子月 甲木은 木性이 차가우니 丁火을 먼저 쓰고 庚은 뒤에 쓰면서 丙火로 보좌한다. 癸水가 司權하니 火金의 病이 된다. 庚丁이 모두 투하고 지지에 寅巳가 있으면

과갑에 이르고 가문의 후광이 없어도 출사할 수 있다. 만약 癸水가 투하면 丁火가 상하는데 戊己土가 보좌하여 구하지 못하면 질병이 있는 사람이다. 혹 壬水가 거듭 투하는 데 丁火가 전혀 없으면 용렬한 인물이지만 丙火가 있으면 묘해진다.

司權 : 권리를 잡음. 사령과 동일한 의미로 월지 정기에 해당하는 천간이 세력에 있어 제일 강함을 표현한 말.

或支成水局, 加以壬透, 名爲水泛木浮, 死無棺木。

혹 지지에 水국을 이루는데 壬이 투하면 수범목부(水泛木浮)라 하여 죽어서도 들어갈 관이 없다.

水泛木浮 : 水가 넘쳐서 木이 물에 뜨는 것.

總之十一月甲木, 爲寒枝, 不比春木淸茂, 耑取庚丁。透壬無丙, 不過刀筆異途, 武職有驗。

총론하면 子月 甲木은 추운 나뭇가지가 되어 春木에 비해 청무(淸茂)함에는 비할 바가 아니니 단지 庚丁을 취해야 한다. 혹 壬水이 투하고 丙火가 없으면 도필이도(刀筆異途)에 불과하며 무직에 종사하게 된다.

淸茂 : 푸르고 무성함
刀筆異途 : 법관련 소송관계의 문서를 작성하는 일

用庚, 土妻金子。用火, 木妻火子。

庚을 용하면 土가 처고 金이 자식이다. 火를 용하면 木이 처 火가 자식이다.

十二月甲木, 天寒氣凍, 木性極寒, 無生發之象, 先用庚劈甲, 方引丁火, 始得木火有通明之象, 故丁次之。庚丁兩透, 科甲恩封。庚透丁藏, 小貴。丁透庚藏, 小富貴。無庚者, 貧賤。無丁者, 寒儒。

丑月 甲木은 天氣가 춥고 얼어붙어 木性이 극히 차가워 생기가 발하지 않는 형상으로, 먼저 庚金으로 劈甲한 다음 引丁하면 비로소 목화통명의 象이 되므로 丁火는 차선이 된다. 庚丁이 모두 투하면 과갑하여 은봉이 있다. 庚金이 투하고 丁이 암장되면 貴가 작다. 丁火가 투하고 庚이 암장되면 부귀가 작다. 庚金이 없으면 빈천하고 丁火가 없으면 가난한 선비에 불과하다.

劈甲引丁 : 木을 쪼개어 불을 붙임

∴ 부귀의 정도는 팔자의 성격 시키는 상신이나 조후용신 어느 것 하나라도 월령을 진신으로 하면 格局이 자연 높아진다.

或有丁透重重, 亦是富貴中人, 但須比肩, 能發丁之燄, 自有德業才能。如無比肩, 尋常之士, 稍有衣食而已。或支多見水, 則有比肩, 亦屬平常。

혹 丁火가 투하여 중중하면 역시 부귀한 사람이고 반드시 比肩이 있어야 능히 丁火의 불꽃을 발하니 그러면 자연이 복덕과 재능이 있다. 比肩이 없으면 평범한 선비로 약간의 의식만 있을 뿐이다. 혹 지지에 水가 많으면 比肩이 있어도 평상인에 속한다.

∴ 丁火 甲木이 동시에 투하면 유신유화(有薪有火)의 명조이다.

總之臘月甲木, 雖有庚金, 丁不可少。乏庚略可, 乏丁無用。經云 : 甲木無根, 男女夭壽。

총론하면 납월(丑月)의 甲木은 비록 庚金이 있어도 丁火가 없으면 안 된다. 庚金이 없으면 대략은 쓸 수 있으나, 丁火가 없으면 쓸 수 없다. 經(경)에 이르길 甲木이

無根하면 남녀 모두가 요절한다고 하였다.

∴ 庚金이 없으면 貴가 없고, 丁火가 없으면 富함이 없다. 이때 丁火가 없으면 丙火로 대신할 수 있으나 庚金은 辛金으로 대신할 수 없다.

삼춘을목총론
■ 三春乙木總論

삼춘을목 위지란호초지물 병계불가리야 춘을견병
三春乙木, 爲芝蘭蒿草之物, 丙癸不可離也, 春乙見丙,
훼목향양 만상회춘 수계자양근기 병계제투천간 무
卉木向陽, 萬象回春, 須癸滋養根基. 丙癸齊透天干, 無
화합제극 자연등과급제 고서왈 을목근해종득심 지
化合制剋, 自然登科及第, 故書曰：乙木根荄種得深, 只
수양지불의음 표부지파다봉수 극제하수고용금
須陽之不宜陰, 漂浮只怕多逢水, 剋制何須苦用金.

三春 乙木은 지란호초(芝蘭蒿草)의 식물이라 丙癸를 떼어 놓을 수 없고 봄의 乙木이 丙火을 보면 초목이 태양을 향하듯 만상이 회춘하니 모름지기 癸水로 자양하여 근기를 삼는다. 丙癸가 천간에 모두 투하여 화합하고 제극함이 없으면 자연 등과급제 하므로, 고서에 이르길 "乙木의 뿌리와 씨가 깊이 박히려면 오직 陽地여야하고 陰地는 마땅치 않다. 단 水가 많으면 표부(漂浮)함을 두

려워하니, 剋制를 위해 구태여 金을 사용해서 고통을 줄 필요가 있는가"라고 했다.

芝蘭蒿草 : 버섯 난 쑥과 같은 초엽식물
漂浮 : 표류하고 물에 떠 있음.

∴ 甲木은 양목으로 木이 성하면 庚金으로 가지치기를 해야 하지만, 乙木이 성하면 丙火로 설해야 하고, 火의 양이 성하면 癸水로 자윤이 필요하다.

삼춘을목
■ 三春乙木

정월을목, 필수용병, 인천기우유여한, 비병불난, 수
正月乙木, 必須用丙, 因天氣尤有餘寒, 非丙不暖, 雖
유계수, 공응한기, 고이병화위선, 계수차지
有癸水, 恐凝寒氣, 故以丙火爲先, 癸水次之。

寅月 乙木은 반드시 丙火를 용 하는데 이는 天氣가 아직 차갑기 때문이니 丙이 아니면 따뜻하게 할 수 없고, 비록 癸水가 있어도 한기를 두려워하니 丙火를 먼저 쓰고 癸水는 그 다음에 쓴다.

∴ 록겁격에 식상을 쓰는 것은 봄의 木일주와 가을의 金일주만 귀하게 여긴다.

丙癸兩透, 科甲定然, 或有丙無癸, 門戶闡揚。或丙多乏癸, 名曰春旱。獨陽不長, 濁富之人。或丙少癸多, 又爲困丙, 終爲寒士。或癸己多見, 爲溼土之木, 皆下格。用丙者木妻火子。用癸水見火多者, 金妻水子。

丙癸가 모두 투하면 자연 과갑하고 혹 丙는 있고 癸가 없어도 문호를 闡揚하게 되고 혹 丙이 많고 癸가 없으면 봄 가뭄이라 하여 獨陽은 오래가지 않으니 저속한 부자가 되기 쉽다. 혹 丙이 적고 癸가 많거나 丙이 없으면 종내에 가난한 선비가 된다. 癸己가 많으면 濕土의 木이니 모두 하격이 된다. 丙을 용하면 木이 처요 火가 자식이고 癸水를 용하고 火가 많으면 金이 처고 水가 자식이다.

闡揚 : 뚜렷이 밝혀 널리 퍼뜨림

∴ 寅月 乙木은 상관패인의 격국을 이루면 최상격이다. 초춘은 한기가 남아있으므로 丙火가 우선이며 癸水가 없어도 귀격을 이룬다.

二月乙木, 陽氣漸升, 木不寒矣, 以丙爲君, 癸爲臣, 丙癸兩透, 不透庚金, 大富大貴. 或天干透庚, 支下無辰, 不能化金, 得癸透養木亦爲貴, 若見水庫, 則爲假化, 平常人也.

卯月 乙木은 양기가 점차 상승하는 때이니 木이 차갑지 않으므로 丙을 君으로 癸를 臣으로 삼고 丙癸가 모두 투하고 庚金이 투하지 않으면 대부대귀 한다. 혹 천간에 庚金이 투하고 지지에 辰이 없으면 金으로 化하지 않으므로 癸水가 투하여 木을 배양하면 역시 귀함이 있다. 만약 水庫(辰)가 있으면 假化가 되어 평상인이 된다.

∴ 陰干은 왕하면 극하지 않고 설기해야 한다. 천간에 庚金이 투하면 록겁용관이 되고 더불어 癸水가 투하면 인이호관(印而護官) 되어 귀격이 된다.

二月乙木, 耑用丙癸. 或支成木局, 有癸透乃作貴命, 更得丙洩木氣, 上上之命, 但須透癸. 或水多困丙, 多戊化癸, 皆下格. 丙用者, 木妻, 火子. 用癸者, 金妻, 水子.

卯月 乙木은 오직 丙癸만 쓴다. 혹 지지에 木局을 이루고 癸水가 투하면 귀명이 되고 다시 丙火가 있어 木氣를 설하면 최상격인데 단 필히 癸水가 투해야 한다. 혹 水가 많아 丙이 장애를 받거나 戊가 많아 癸를 합화하면

모두 하격이 된다. 丙火을 용하면 木이 처요 火가 자식이다. 癸水를 용하면 金이 처요 水가 자식이다.

∴ 卯月 乙木이 지지에 木局이 되면 곡직인수격이 된다. "곡직격은 반드시 印綬가 있어야 명리를 떨친다"고 했다.

亥卯未逢於甲乙, 富貴無疑。 木全寅卯辰方, 功名有准. 活木忌埋根之鐵, 支下有庚辛, 戕賊其根, 木則朽矣.

甲乙木이 亥卯未를 모두 갖추면 부귀를 의심할 필요가 없고, 木이 寅卯辰 방국을 완전히 갖추면 공명이 따른다. 活木은 철(金)이 뿌리에 묻혀있는 것을 기피하니 지지에 庚辛이 있으면 그 뿌리를 상하게 하여 木은 썩게 된다.

∴ 會合을 갖춘 곡직격은 金이 천간에 투하지 않아야 함은 물론이고 장간에 암장된 것도 꺼린다.

三月乙木, 陽氣愈熾, 先癸後丙。

辰月 乙木은 양기가 더욱 치열하니 먼저 癸水를 쓰고 나중에 丙火을 쓴다.

癸丙兩透, 不見己庚, 玉堂之客. 見己庚者, 平常之人.

或一乙逢庚, 不見己者, 亦主小富貴, 但不顯達. 或多水見己, 只恐高才不第。見戊堪發異途. 或庚己混雜, 丙癸全, 則爲下格.

癸丙이 모두 투하고 己庚이 없으면 玉堂之客이고 己庚을 있으면 평상인이다. 하나의 乙木이 있는데 庚이 있으면 역시 부귀가 작고 현달하지 못한다. 혹 水가 많은데 己土가 있으면 재주는 많으나 급제하지 못한다. 戊土가 있으면 이도로 발전한다. 혹 庚己가 혼잡 되면 丙癸가 온전해도 하격이 된다.

∴ 乙木은 음유하여 재관을 용하지 않아 재왕생관이 귀격이 어렵고 상관패인이나 인용식상의 격국이 상격의 전형이다.

或見水局, 丙戊高透, 亦主科甲。或柱中全無丙戊, 支合水局, 此離鄕之命。

혹 水局을 이루고 丙戊가 투하면 역시 과갑을 한다. 혹 사주 중에 丙戊가 전혀 없고 지지에 水局을 이루면 이는 고향을 등지는 명이다.

∴ 水多木浮가 되면 고향을 떠나 방황하는 명이 된다.

或見一派癸水，又有辛金，則作旺看。得一戊己制癸，亦可云小富貴。若一派壬水，不特貧賤，而且夭折。有一戊己，方云有壽，但終爲技術之人。

혹 한 무리의 癸水가 있고 또 辛金이 있으면 水가 旺한 것으로 보는데 하나의 戊己가 있어 癸水를 제하면 역시 작은 부귀는 있다. 만약 한 무리의 壬水가 있으면 빈천하거나 요절한다. 이때 하나의 戊己가 있으면 장수하나 종래는 기술자에 불과하다.

∴ 수다목부(水多木浮)의 상황으로 戊己의 제함이 있으면 작은 성취가 있고 만약 火를 보면 格이 더욱 높아진다.

又或庚辰時月，名二庚爭合，乃貧賤之輩。如年干見丁破庚，可云從化，亦不失武職之權。用癸者，金妻水子。癸多用丙者，木妻火子。

혹 乙木이 庚辰月 庚辰時에 태어나면 두 개의 庚이 하나의 乙을 쟁합하니 마침내 빈천한 무리가 된다. 만일 年干에 丁火가 투하여 庚金을 파하면 종화하여 무직의 권한을 잃지 않는다. 癸를 용하면 金이 처요 水가 자식이고, 水가 많아 丙을 용하면 木이 처요 火가 자식이다.

∴ 쟁합되면 화격이 성립되지 않아 하격이 된다는 것이다. 官이 불리한 작용을 하면 殺로 논하는 데 乙木에 庚金과 甲木의 辛金이 그것이다.

■ 三夏乙木總論

三夏乙木, 木性枯焦。四月專尚癸水。五六月先丙後癸, 夏至前仍用癸水。先得丙透, 支下又有丙火, 名曰木秀火明. 得一癸透, 科甲中人。或透二丙一癸, 可許採芹.

여름 乙木은 木性이 말라 타버릴 지경이다. 巳月에는 오직 癸水를 귀하게 쓴다. 午未月에는 먼저 丙火을 쓰고 다음에 癸水를 쓰지만 하지 전에는 癸水를 쓴다. 먼저 丙火가 투하고 지지에 또 丙을 보면 木秀火明이라 하고 하나의 癸水가 투하면 과갑이 가능하고, 혹 두개의 丙火와 하나의 癸水가 투하면 採芹은 할 수 있다.

採芹 : 직역하면 미나리를 캔다는 뜻이지만, 최소한의 벼슬은 한다는 의미.

∴ 여름의 木이 丙癸를 보면 불청불우(不晴不雨)로 귀명을 이룬다. 목화상관희견수(木火傷官喜見水)로 상관패인격중 최귀격이다..

或一派癸水，有丁無丙，平常之人。或一癸透干，異塗顯宦，難由科甲。癸居子辰，異路小職。或丙藏支下，癸透年干，己出月上，雖非科甲，異路功名。又或重重癸水，或支藏癸水，由行伍出身得功名。

혹 한 무리의 癸水가 있는데 丙火가 없고 丁이 있으면 평상인이다. 혹 하나의 癸水가 투간하면 이도로 벼슬을 하나 과갑은 오히려 어렵다. 癸水가 있고 子辰이 있으면 이로로 작은 직책을 맡는다. 혹 丙이 지장간에 있고 年干에 癸水가 투하고 己土가 月에 투하면 과갑은 아니라도 이로공명 한다. 또 혹 癸水가 중중하거나 지지에 癸水가 암장되면 오히려 군대에서 공명을 얻는다.

∴ 三夏 乙木이 丙癸의 조합은 상관패인이고 丁癸는 식신봉효의 구조로 그 격차는 크다. 또한 丙癸의 자연적인과 丁壬의 인위적인 것에 따른 효능의 차이는 크다고 하겠다.

■ 三夏乙木

四月乙木，自有丙火，耑取癸水爲尊。四月乙木專用癸水，丙火酌用，雖以庚辛佐癸，須辛透爲淸。

巳月 乙木은 스스로 丙火를 갖추니 癸水가 있는 것을 귀하게 여긴다. 巳月 乙木은 오직 癸水를 사용하고 丙火는 참작하여 쓰며 비록 庚辛이 癸水를 보좌해도 모름지기 辛金이 투해야 명주가 맑아진다.

∴ 巳月 乙木이 庚癸 조합보다 辛癸의 조합이 더욱 청귀한 것은 庚金이 乙木을 탐합하기 때문이다.

癸透、庚辛又透，科甲定然，獨一點癸水、無金，是水無根，雖出天干，不過秀才小富，須要大運相扶。或土多困癸，貧賤之人。丙戊太多，支成火局，瞽目之流。用癸者，金妻水子。

癸水가 투하고 또 庚辛이 투하면 과갑이 자연스럽다. 한 점의 癸水만 있고 金이 없으면 水의 근원이 없는 것이니, 비록 천간에 癸水가 출하여 수재라 해도 富가 작으니 반드시 大運에서 相扶해야 한다. 혹 土가 많아 癸水를 파극하면 비천한 사람이다. 丙戊가 지나치게 많고 지지에 火局을 이루면 맹인의 부류다. 癸를 용하면 金이 처요 水가 자식이다.

∴ 土가 많아 癸水를 파극하면 탐재괴인(貪財壞印)의 화禍가 있기 쉽다.

을봉쌍녀목상잔 약견신금수필난 불득병정래제복
乙逢雙女木傷殘, 若見辛金壽必難, 不得丙丁來制伏,
기지안악불구장
豈知安樂不久長。

乙木에 金을 거듭 있으면 木에 상처가 나니 만약 辛金을 보면 반드시 장수하기 어렵고 丙丁으로 제복하지 않으면 안락이 오래가지 않는다.

∴ 巳月 乙木이 癸水가 없고 辛金이 더해지면 극설교가(剋洩交加) 되어 불리하며 살용식제로 성격되어도 조후를 완성 시키지 못하면 귀격을 속단 할 수 없다.

오월을목 정화사권 화가구한 상반월속양 잉용계
五月乙木, 丁火司權, 禾稼俱旱。上半月屬陽, 仍用癸
수 하반월속음 삼복생한 병계제용 주다금수 병화
水。下半月屬陰, 三伏生寒, 丙癸齊用。柱多金水, 丙火
위선 여개용계수위선
爲先, 餘皆用癸水爲先。

午月 乙木은 丁火가 사권하니 곡식농사에 가뭄을 만난 것과 같다. 上半月은 陽에 속하니 거듭 癸水를 쓰고 下半月은 陰에 속하니 삼복중에 한기가 생하므로 丙癸를 나란히 쓴다. 사주중에 金水가 많으면 丙火를 우선 사용하고 나머지는 모두 癸水를 우선 사용한다.

∴ 午月 乙木은 하지를 경계 삼아 하지전은 癸水를 선용하고, 하지 후에는 丙癸를 겸용한다.

을목중봉화위 명위기산지문 지성화국 설을정신
乙木重逢火爲，名爲氣散之文，支成火局，洩乙精神，
수용계자 계투유근 부귀쌍전 혹경신년상 계투시
須用癸滋。癸透有根，富貴雙全。或庚辛年上，癸透時
간 정허과갑 무계자상인
干，定許科甲，無癸者常人。

乙木이 거듭하여 火를 보면 氣散之文이라 하고 지지에 火局을 이루면 乙木의 精神이 설기되어 오직 癸水를 사용하여 자윤한다. 癸水가 투하고 유근하면 부귀가 모두 온전하다. 혹 庚辛이 年干에 있고 癸水가 時干에 투하면 과갑이 되고 癸水가 없으면 평상인에 불과하다.

氣散之文 : 목이 여름에 이르면 건고하여 기운이 누설되고 기가 흩어짐.

약견병투 지성화국 양초목성 차인잔질 무계필요
若見丙透，支成火局，陽焦木性，此人殘疾，無癸必夭，

견임가해 혹화토태다 기인우천 혹위승도문하한인
見壬可解. 或火土太多, 其人愚賤, 或爲僧道門下閒人.

만약 丙火가 투하고 지지에 火局을 이루면 양기가 목성을 마르게 하니 이 사람은 질병이 있고, 癸水가 없으면 필시 요절하지만 壬水를 보면 면한다. 혹 火土가 지나치게 많으면 그 사람은 어리석고 천하거나 승도의 문하에 한인(閒人)이 된다.

閒人 : 한가한 사람 또는 쓸모없는 사람

∴ 壬水는 저수지 물과 같은 인공수라 해갈하는 역할은 하늘에서 내리는 단비인 자연수 癸水에 미치지 못한다. 따라서 명주에 癸水는 없고 壬水만 있다면 요절은 면하되 잔병이 많다고 한 것이다.

육월을목 목성차한 주다금수 병화위존 지성수
六月乙木, 木性且寒, 柱多金水, 丙火爲尊。支成水

국 을득무상 계수투간 대부대귀 무계정작상인 운
局, 乙得無傷. 癸水透干, 大富大貴。無癸定作常人, 運

불행북 곤고일생
不行北, 困苦一生。

未月 乙木은 木星이 점차 차가워지므로 명주에 金水가 많으면 丙火를 존귀하게 여긴다. 혹 지지에 水局을 이루어도 乙木은 손상이 없다. 癸水가 투간하면 대부대귀 한다. 癸水가 없으면 평상인이고 運이 北方으로 가지 않으

면 일생 곤란하고 어렵다.

∴ 대서 후에는 一陰始生하니 三伏生寒이라 한다. 하목은 비록 삼복생한(三伏生寒) 때라도 癸水가 없으면 흉하다. 즉 재격투인의 전형이다.

범오륙월을목 기퇴고초 용계수절기무기잡란 즉위
凡五六月乙木, 氣退枯焦, 用癸水切忌戊己雜亂, 則爲
하격 혹갑목고투 제복토신 명위거탁류청 가허준
下格。或甲木高透, 制伏土神, 名爲去濁留淸, 可許俊
수 토다핍갑 수기탈공 용인이이
秀。土多乏甲, 秀氣脫空, 庸人而已。

午未月 乙木은 기가 퇴하여 메말라 타므로 癸水를 쓰고 戊己가 혼잡함을 꺼리며 그리되면 하격이다.

혹 甲木이 투하여 土를 제복하면 거탁유청이라 하고 가히 준수함이 있다. 土가 많고 甲木이 없으면 秀氣가 빠져 부족하니 평상인에 그친다.

혹병계량투 가이갑투제무 선발정연 약불견병계
或丙癸兩透, 加以甲透制戊, 選拔定然。若不見丙癸,
지유정화 역속상인 유임 가충의식
只有丁火, 亦屬常人, 有壬、可充衣食。

혹 丙癸가 같이 투하는 데 또 甲木이 투하여 戊를 제하면 당연히 발탁됨이 있다. 만약 丙癸가 없고 丁火만 있으면 평상인에 속하고 壬水가 있으면 의식은 충분하다.

∴ 여름 木의 癸水는 우로(雨露)의 공이지만 壬水는 관개(灌漑)니 윤택함은 같으나 자연수 인공수의 차이는 크다.

혹주중무수 우무비겁출간 내위기명종재 부대귀
或柱中無水, 又無比劫出干, 乃爲棄命從才, 富大貴
소 능초현덕지처 종재격이화위처 토위자
小, 能招賢德之妻。從財格以火爲妻, 土爲子。

혹 사주에 水가 없고 비겁이 투출하지 않으면 기명종재(棄命從財)가 되어 부는 크고 귀는 작으며 현덕한 아내를 맞이하게 된다. 종재격은 火가 처요 土가 자식이다.

∴ 陰干은 勢에 從하므로 乙木은 癸水의 자윤을 얻지 못하면 종재격을 이루는 게 최선이다. 未月 乙木이 종재격을 이루면 납속주명(納粟奏名)이라 해서 재정 세무계통으로 진출하면 좋다고 한다.

혹일파무토출간 불견비견 명위재다신약 종위부옥
或一派戊土出干, 不見比肩, 名爲財多身弱, 從爲富屋
빈인 혹병신화수 표도파가 종비승수지아
貧人. 或丙辛化水, 嫖賭破家, 終非承受之兒。

혹 한 무리의 戊土가 출간아고 比肩이 없으면 재다신약이 되어 종래는 부옥빈인(富屋貧人)이 되고 만다. 혹 丙辛합이 水로 化하면 주색도박으로 파가하여 종내는 승수(承受)하지 못한다.

富屋貧人 : 부잣집에 종속된 貧寒한 하인.
承受 : 재산이나 권리 등을 이어 받음.

∴ 음간 乙木이 양간 戊土에 진종 되지 않고 가종되어 종재격이 안될 때 재다신약의 가능성이 많다.

혹일파을목 불견병계 명위란신무주 로록분파 우
或一派乙木, 不見丙癸, 名爲亂臣無主, 勞碌奔波, 又
가다지신금 승도지배 혹일파갑목 무계무병 우무경
加多支辛金, 僧道之輩。或一派甲木, 無癸無丙, 又無庚
금 차인일생허부 총불성실 유경제갑 내유모지인
金, 此人一生虛浮, 總不誠實。有庚制甲, 乃有謀之人,
단기주탐화 다욕패덕 불수품행 남녀일리
但嗜酒貪花, 多慾敗德, 不修品行, 男女一理。

혹 한 무리의 乙木이 있고 丙癸가 없으면 난신무주라 하여 분주하며 파란과 고생이 따르고 또 지지에 辛金이 있으면 승도의 무리다. 혹 한 무리의 甲木이 있는데 癸丙가 없고 또 庚金이 없으면 이 사람의 일생은 허망하고 성실하지 못하다. 庚金이 있어 甲木을 제하면 교묘한 사람이 되어 주색을 탐하고 욕심은 많고 덕을 잃어 품행이 단정하지 못하다. 이것은 남녀 모두 같은 이치다.

∴ 庚金으로 甲木을 제하면 격국이 좋아지나 음간이 재왕생살로 귀격을 이루는 법은 드물다.

총지하월지을목 용계수 병화작용 경신차지
總之夏月之乙木, 耑用癸水, 丙火酌用, 庚辛次之。

총론하면 여름 乙木은 癸水를 우선 쓰며 丙火는 참작하여 쓰고, 庚辛은 그 다음에 쓴다.

∴ 여름 乙木은 癸水의 조후가 가장 시급하다. 金水가 많으면 丙火를 써야하나 庚辛은 癸水의 보좌로만 쓸 뿐이다.

■ 삼 추 을 목
三秋乙木

삼 추 을 목　금 신 사 령　선 병 후 계　유 구 월 단 용 계 수　공
三秋乙木, 金神司令, 先丙後癸, 惟九月耑用癸水, 恐
병 난 무 토 위 병 야
丙暖戊土爲病也。

가을 乙木은 金神이 사령하니 먼저 丙火을 쓰고 나중에 癸水를 쓴다. 단지 戌月에는 癸水를 먼저 쓰는데 이는 丙火가 戊土를 온난하게 하여 病이되는 것을 두려워하기 때문이다.

∴ 가을 乙木은 칠살 制伏이 우선이고 그 다음은 인수로 化殺하는 방법이다. 단 戌月은 土가 조열하므로 水의 자윤이 있어야 되므로 癸水를 전용한다.

칠 월 을 목　경 금 승 령　경 수 수 정 어 을 매　즘 내 간 을 난 합
七月乙木, 庚金乘令, 庚雖輸情於乙妹, 怎奈干乙難合

지금 주견경다 을난수재 혹병투간 우가기출매금 차
支金. 柱見庚多, 乙難受載. 或丙透干, 又加己出埋金, 此

격가운과갑 유기투 가병 역시상명 칠월희기토위용
格可云科甲. 有己透, 加丙, 亦是上命. 七月喜己土爲用,

혹불견병계 기토필불가소 차즉이화위처 토위자
或不見丙癸. 己土必不可少, 此則以火爲妻, 土爲子.

申月 乙木은 庚金이 乘令하니 庚은 오직 乙인 누이에게 정을 주지만 천간의 乙과 지지의 庚이 合하기는 어렵다. 사주에 庚이 많으면 乙이 수난에 처한다. 혹 丙이 투간하고 己가 출하여 金이 묻히면 이때는 과갑에 이른다.

己가 투하고 丙이 가세하면 역시 상명이다. 申月 乙木은 己土를 기뻐하는데 혹 丙癸를 보지 못하면 己土는 필히 적어서는 안 되고 이 경우 火가 처요 土가 자식이다.

乘令 : 어떤 조건 시간이 되어 권한을 잡음. 당령 사권과 유사함

∴ 乙庚이 상합하여 지지에 辰을 보아 진화하면 부부금실이 좋다고 한다. "申월 乙木은 己土가 가장 묘하다"고 하는데 이는 己土가 오금의 역할을 하기 때문이다. 즉 지지에 丑未土를 천간에 己土를 보아 土가 많으면 비습한 흙이니 乙木이 뿌리가 굳건해지고 庚의 예리함을 무디게 하는 것이다. 己土 대신에 戊土를 보면 戊土는 壬水를 극하므로 乙木의 뿌리를 배양할 수 없어 귀격이 어렵다.

或癸透、丙藏、庚少，此不用己，可許貢拔。無丙、有癸透者，不失刀筆門戶。有支下庚多，癸又藏者，無丙己二神，平常人物。

혹 癸水가 투하고 丙이 암장되고 庚金이 적고 己土를 쓰지 못하면 공발(貢拔)은 될 수 있다. 丙이 없고 癸水가 투하면 刀筆門戶는 된다. 지지에 庚이 많고 癸가 장간에 暗藏되었는데 丙己가 없으면 평상인에 불과하다.

貢拔 : 공감으로 선발됨
刀筆門戶 : 문서를 취급하는 관리

∴ 申月 乙木은 퇴기하는 木으로 丙己로 배식해야만 화초가 영화로워 지므로 己土 없는 관인상생은 격이 다소 떨어진다.

或生辰時，此爲從化，反主富貴。凡化合格，皆以所生之神爲用。化金者，戊爲用神，特忌丙丁煆煉破格。從化者以火爲妻，土爲子。其餘以金爲妻，妻必賢美。以水爲子，子必克肖，但忌刑沖。凡命皆然，不特此也。

혹 辰時生으로 종화를 이루면 오히려 부귀하게 된다.

대체로 化格은 생하는 神(오행)을 용하게 된다. 化金하면 戊土가 용신이 되고 丙丁火가 金을 녹이면 파격되어 특히 꺼린다. 종화하면 火가 처요 土가 자식이다. 그 외에 金으로 처를 삼으면 처는 필히 현명하고 아름답다. 이때 水로 자식을 삼으니 자식도 반드시 닮는데 단 刑沖을 꺼린다. 형충을 꺼리는 것은 대개의 命이 다 그러하니 이 경우만 특별한 것이 아니다.

∴ 申月 乙木이 辰時면 庚辰時인데 이렇게 외격으로 化格을 제대로 성립시키면 득령득시하여 대부대귀격을 이룬다.

秋乙逢今, 非貧卽夭。秋生乙木忌根枯, 根旣枯槁, 貧苦到老.

가을 乙木은 金이 있으면 가난하거나 요절한다. 가을생 乙木은 뿌리가 마르는 것을 싫어하고, 뿌리가 말라죽으면 늙도록 가난하고 고생한다.

∴ 가을 乙木이 절지에 임하게 되어 비겁이나 인수의 생부가 없고 庚金을 많이 보면 좋지 않다는 것이다. 지지에 火局이 가세하여 극설교가(剋洩交加) 되면 빈천함을 면할 수 없다는 것이다.

팔월을목 지란화가균퇴 이단계위을목 재백로지후
八月乙木，芝蘭禾稼均退．以丹桂爲乙木．在白露之後，
계예미개 단용계수이자계악 약추분후 계화이개 욕
桂蕊未開，耑用癸水以滋桂萼．若秋分後，桂花已開，欲
희향양 우의용병 계수차지 병계량투 과갑명신
喜向陽，又宜用丙，癸水次之，丙癸兩透，科甲名臣．

酉月 乙木은 지란(芝蘭)과 화가(禾稼)가 물러가는 때이다. 단계(丹桂)로 乙木을 삼는다. 백로이후에 丹桂가 꽃술을 피우지 않으니 癸水를 써서 단계(丹桂) 꽃받침을 자윤한다. 만약 추분이후라면 丹桂가 이미 피어 陽을 향하니 丙火를 씀이 마땅하고 그 다음 癸水를 쓴다. 丙癸가 같이 투하면 과갑하여 이름난 신하가 된다.

芝蘭 : 버섯과 난초
禾稼 : 벼와 곡식
丹桂 : 일명 금목서라 하며 보통 노랑색으로 양력 9월 하순에서 10월경에 피고 향기가 짙다.

∴ 酉月 乙木은 칠살의 위력을 상관으로 제하고 인수로 화살하면 최상의 격국이다.

혹지성금국 의암장정 무정제금 공목피금상 약무
或支成金局，宜暗藏丁，無丁制金，恐木被金傷。若無
수화 차인로록 혹득계수 위자득모기인일생풍영 혹
水火，此人勞碌。或得癸水，爲子得母其人一生豐盈。或
병계량투 무토잡출 역주이로공명
丙癸兩透，戊土雜出，亦主異路功名。

혹 지지에 金局을 이루면 마땅히 丁이 암장 되어야 하고 金을 제할 丁火가 없으면 木이 金에 의해 상해를 당할까 두려워한다. 만약 水火가 없으면 이 사람은 고생이 따르게 된다. 혹 癸水를 얻으면 자식이 엄마를 얻은 것이니 그 사람은 일생이 풍요롭다. 혹 丙癸가 모두 투하고 戊土까지 나타나 잡(雜)하면 역시 異路功名한다.

∴ 가을 乙木이 金局을 이루는 데 丁火로 제하지 못하면 빈천노고 하니 반드시 丁火로 제하여야 한다. 식신제살격을 이루면 무직으로 출세하는 경우가 많다.

生秋分後, 有丙無癸, 亦略富貴。若有癸無丙, 名利虛花。若四柱不見丙癸, 下格。

秋分후에 생하고 丙火가 있고 癸가 없으면 대략 부귀를 취한다. 만약 癸水가 있고 丙이 없으면 명리가 공허한 꽃과 같다. 혹 사주에 丙癸를 보지 못하면 하격이다.

∴ 酉月 乙木이라도 추분 전후로 丙癸의 선용 순서를 달리한다. 추분 후에 癸水가 투해 살인상생 되어도 丙火가 없으면 귀가 삭감된다.

或癸在年 (月) 干, 丙透時干, 名爲木火文星, 定主上達。生於秋分後方佳。或生上半月無癸, 姑用壬水, 不然, 姑木無用, 必作貧人。又四柱多見戊己, 下格。

用癸者, 金妻、水子。用丙者, 木妻、火子。用壬者, 金妻水子.

혹 癸水가 年干이나 月干에 있고 丙火가 時干에 투하면 木火文星이라 하여 크게 현달한다. 추분후에 태어나면 더욱 아름답다. 혹 上半月에 태어나 癸水가 없으면 잠시 壬水를 쓰는데 그렇지 않으면 시들은 나무를 쓸데가 없으니 반드시 가난하게 된다. 또 사주에 戊己를 많이 보면 하격이다. 癸水를 용하면 金이 처요 水가 자식이다. 丙火를 용하면 木이 처요 火가 자식이다. 壬水를 용하면 金이 처요 水가 자식이다.

∴ 酉月 乙木이 추분전에는 반드시 癸水가 있어야 하는데 없으면 壬水로 대신 化殺하여 당왕한 金神으로부터 木이 상함을 피한다.

甲乙遇強金, 魂歸西土, 靑龍逢兌旺, 且貧且賤。

乙木生居酉, 莫逢巳酉丑, 富貴坎離宮, 貧窮申酉守。

木逢金旺已傷, 再遇金鄕, 豈不損壽.

甲乙木이 强金을 만나면 魂이 西土로 돌아가니 청룡이 왕한 金을 만난 격으로 역시 빈천해 진다. 乙木이 酉月에 나서 巳酉丑 金局을 만나지 않아야 하고 富貴는 水火에 있고 貧窮은 申酉에 있다. 木이 金旺을 만나면 이미 상했는데 다시 金鄕을 만나면 어찌 수명의 손상이 없겠는가.

∴ 가을 木은 火로 제하거나 水로 化하지 않는 한 칠살의 위력을 감당할 수 없다.

九月乙木, 根枯葉落, 必賴癸水滋養。如見甲申時, 名爲藤蘿繫甲, 可秋可冬。

戌月 乙木은 뿌리가 마르고 잎이 떨어지니 癸水의 자양에 의지해야 한다. 甲申時를 얻으면 등라계갑(藤蘿繫甲)이라 하여 가을도 좋고 겨울도 좋다.

藤蘿繫甲 : 덩굴이 나무를 의지하여 타고 올라감.

∴ 甲申時 生이면 土가 아무리 지나쳐도 겁재로 구제하므로 문제없다. 秋冬의 乙木은 木氣가 쇠절한 때로 甲木에 의지하면 영화가 있다.

若見癸水，又遇辛金發水之源，定主科甲．或有癸無辛，常人．有辛無癸，貧賤．或四柱壬多水難生乙，亦是尋常之輩．

만약 癸水가 있고 또 辛金이 있어 水의 원천을 얻으면 과갑을 이룬다. 혹 癸가 있고 辛이 없으면 평상인이다. 辛이 있고 癸가 없으면 빈천하다. 혹 사주에 壬이 많으면 水가 乙木을 생하기 어려우니 역시 평상인의 무리다.

或支多戊土，又逢天干，作從財看，無比劫方妙，一逢比劫，富屋貧人。用癸者，金妻、水子。但子女艱難，季土剋制故也.

혹 지지에 戊土가 많고 천간에 또 투하면 從財로 간주하고 比劫이 없으면 묘한데, 하나의 比劫이 있으면 부옥빈인이 된다. 癸를 용하면 金이 처요 水가 자식이다. 다만 자식이 어렵고 고생스러운 것은 四季의 土가 剋하고 制하기 때문이다.

∴ 하나의 比劫이 있으면 가종으로 大運에서 또다시 비겁運을 만나면 파격되기 쉽다. 癸水를 용할 때 자

식으로 인한 곤란을 당하는 것은 재격투인 이라서가 아니라 旺土에 자식星인 金이 매금될 우려가 있고 만약 癸水가 암장되면 재투칠살이 되어 칠살 기신으로 인해 자식과의 인연이 두텁지 않을 수 있다.

■ 三冬乙木

十月乙木, 木不受氣, 而壬水司令, 取丙爲用, 戊土爲次。丙戊兩透, 科甲定然。有丙無戊, 雖不科甲, 亦入儒林。支多丙火, 運入火鄉, 亦主顯達。

亥月 乙木은 木이 氣를 받지 못하고 壬水가 사령하므로 먼저 丙火을 취하여 쓰고 戊土는 후에 쓰며 丙戊 같이 투하면 과갑에 이른다. 丙火가 있고 戊가 없으면 비록 과갑은 못해도 유림의 선비는 된다. 지지에 丙火가 많고 運이 火運으로 가면 역시 현달할 수 있다.

或水多無戊, 乙性漂浮, 流蕩之徒。若不見丙巳, 妻子難全, 或一點壬水, 則多見戊土, 亦爲不妙, 得甲制戊,可許能幹，但爲人好生禍亂，構訟生非，男女一理。

혹 水가 많고 戊土가 없으면 乙木의 성질은 표류하여 유랑하며 방탕한 무리가 된다. 만약 丙巳가 없으면 처자식이 온전하기 어렵고, 혹 일점 壬水가 있는데 戊土가 많으면 역시 묘하지 않고, 甲木이 있어 戊土를 제하면 유능한 사람이나 사람됨이 화란을 일으키고 시비송사를 즐기니 이는 남녀가 동일하다.

∴ 水가 많아 제하지 못하면 탕자의 命이 되기 쉽다. 丙火는 지지의 寅巳를 보아야 강해지지 甲乙木의 부조로 강해지는 법이 없다.

支成木局，時値小陽，此又如春木同旺，若有癸出，須取戊爲尊，加以丙透，科甲之人。若無丙戊二字，自成自敗，終非承受之輩。

지지에 木局을 이루면 때가 소양과 같으므로 春木처럼 木이 旺하다. 만약 癸水가 출하면 반드시 戊土를 귀하게 여기며 丙火가 투하면 과갑할 수 있다. 만약 丙戊 두 글자가 없으면 자성자패하여 종래는 유업을 계승하지 못하는 인물이 된다.

∴ 지지 木局을 이루면 春木 같이 旺하나 癸水가 투하면 태왕하여 음습한 기운이 있으니 戊土로 합하고 丙火가 투하면 더 없이 귀하나, 丙戊가 다 없으면 水의 음습함으로 종내는 큰 뜻을 이루지 못한다.

십일월을목 화목한동 일양래부 희용병화해동 즉
十一月乙木, 花木寒凍, 一陽來復, 喜用丙火解凍, 則
화목유향양지의 불의용계이동화목 고 용병화
花木有向陽之意, 不宜用癸以凍花木, 故耑用丙火。

子月 乙木은 花木이 차갑고 얼어 있으나 一陽이 돌아오니 丙火를 사용하여 해동함을 기뻐하고, 花木이 陽을 향하는 뜻이 있으므로 癸水를 사용하여 花木을 얼게 하는 것은 마땅치 않으므로 丙火만 사용한다.

∴ 子月 乙木은 한목향양 하므로 오직 丙火를 보는 것을 기뻐한다.

유일이점병화출간 무계제자 가허과갑 즉병장지
有一二點丙火出干, 無癸制者, 可許科甲。則丙藏之
내 역유선발은봉 득차불귀 필인풍수박 혹임계출
內, 亦有選拔恩封, 得此不貴, 必因風水薄。或壬癸出
간 유무제 가작능인 즉병재지내 역시준수 약임투
干, 有戊制, 可作能人, 則丙在支內, 亦是俊秀。若壬透
무무 빈천지인
無戊, 貧賤之人。

한두 개의 丙火가 투간하고 癸水의 제함이 없으면 과갑에 이른다. 丙이 지지에 암장되면 역시 발탁되어 은봉은 있으나 귀하지 못한 것은 풍수가 박하기 때문이다.

혹 壬癸가 투간 하고 戊土가 있어 제하면 유능한 사람이 될 수 있고 丙이 지지 내에 있으면 역시 준수하다. 만약 壬水가 투하고 戊土가 없으면 빈천한 사람이다.

∴ 투간한 丙火을 壬癸가 극제 하지 않거나 申亥가 寅巳중의 丙을 파하지 않으면 귀격을 이룬다. 특히 巳는 丙戊가 得綠하므로 富貴를 조율하는 귀한 글자라 할 수 있다

支城水局, 干透壬癸, 丙丁全無, 雖有戊制, 貧之到老, 運至南方, 稍有衣食。丁火有亦如無丁乃燈燭之火, 豈能解嚴寒之凍。設無丙丁, 戊己多見, 金水奔流, 下賤。或有戊己無火, 亦屬常人, 但不至下賤。或一派丁火, 大奸大詐之徒。如無甲引丁, 孤鰥到老。丁火見甲, 必主麟趾振振, 芝蘭繞膝。

지지에 水局을 이루고 壬癸가 투간 하고 丙丁이 전무한데 오직 戊土로 제하면 늙도록 궁핍하며 運이 南方으로 이르면 적지만 의식은 있다. 丁火는 있어도 없는 것과 같은 것은 丁火은 등촉의 불이니 어찌 한겨울의 추위

를 해소하겠는가. 丙丁이 없고 戊己가 많으면 金水가 어지럽게 흐르니 비천하다. 혹 戊己가 있고 火가 없으면 역시 평상인에 속하나 비천하지는 않다. 혹 한 무리의 丁火가 있으면 아주 간사하고 간교한 무리다. 甲木으로 引丁하지 않으면 늙도록 외로운 홀아비가 된다. 丁火가 甲木을 보면 기린의 발로 나아가는 것과 같이 명예를 떨치고 화초로 무릎주위를 둘러 싼 것과 같이 훌륭한 자손들을 두게 된다.

∴ 丁火로 成格되려면 지지에서 寅巳중의 丙을 보아야 하는 것은 丁火는 등불에 불과하여 解凍할 수 없기 때문이고, 乙木이 음화인 丁火로 成格되면 총명하나 性格은 음침하다.

혹성수국 임계량투 즉목부의 불특빈천 이차요절 득일무구방가

或成水局, 壬癸兩透, 則木浮矣, 不特貧賤, 而且夭折, 得一戊救方可。

혹 水局을 이루고 壬癸가 모두 투하면 부목(浮木)이 되니 특별함이 없고 빈천하거나 요절하게 되지만 하나의 戊土가 있으면 구제된다.

∴ 水가 태왕하면 戊土의 제함을 얻으면 구제는 되나 이때 丙火가 없으면 귀함이 없다.

冬月之木，雖取戊制水，不可作用，耑取丙火則可。用火者，木妻、火子。用土者，火妻、土子。

겨울 木은 비록 戊土를 취하여 水를 제하여도 작용이 불가하고 오직 丙火를 취해야만 가능하다. 火를 쓰면 木이 처요 火가 자식이다. 土를 쓰면 火가 처요 土가 자식이다.

∴ 겨울의 木은 丙火가 최우선이고 그다음 戊土이다.

乙木生於冬至之後，坐下木局，得丙透干者，富貴之造。則丁出干，亦有衣祿，須忌癸制丁。乙木生於冬月，己土透干，又有丙透，大富大貴之造。

乙木은 동지 이후에 나서 지지에 木局을 얻고 丙火가 투간한 사람은 부귀한 명조다. 이때 丁火가 투간하면 의록은 족하지만 癸水가 丁火를 제하는 것을 꺼린다. 乙木이 겨울에 생하여 己土가 투간 하고 또 丙火가 투간 하면 대부대귀의 명조이다.

∴ 지지 木局을 이루면 숲을 이룬 것과 같아 丙丁을 보면 한목향양으로 부귀를 이룬다. 丁火을 보면 丙火의 역량에는 미치지 못해 의록만 족하다.

十二月乙木, 木寒宜丙, 有寒谷回春之象, 得一丙透, 無癸出破格, 不特科甲, 定主名臣顯宦. 丙火藏支, 食餼而已。干支無丙, 一介寒儒。

丑月 乙木은 木이 추우니 丙火가 마땅하고 추운 계곡에 회춘하는 象이니 하나의 丙火가 투하고 癸水가 나타나 파격이 되지 않는 한 科甲이 자연스럽고 이름난 신하가 되지만, 丙이 지지에 암장되면 의식만 족할 뿐이다. 천간과 지지에 丙火가 없으면 일개 가난한 선비에 불과하다.

∴ 丙火가 지지에 암장되면 東南運으로 흐르면 귀격이 된다.

或四柱多己, 不逢比劫, 乃爲從才, 富比王侯, 若見比劫, 貧無立錐。雖或一派戊己, 見甲頗有衣祿。耑以丙火爲用, 方妙。

혹 사주에 己土가 많고 比劫이 없으면 종재가 되어 왕후에 견주는 富가 있으나, 만약 比劫이 있으면 입추(立錐)가 불가할 정도로 가난하다. 비록 한 무리의 戊己가 있어도 甲木을 보면 약간의 의록은 있다. 단 丙火가 있어야만 묘함이 있다.

立錐 : 송곳을 세움(꽂음). 지극히 가난함을 상징

∴ 종재를 이루는 데 비겁이 있으면 財를 파하여 재다신약이 된다. 春木과 冬木은 설洩이 곧 生이 되니 丙火를 만나면 두려워하지 않고 비겁을 化하여 생재한다. 겨울 乙木은 종재를 이루어도 丙火를 보아야 거부가 된다.

■ 論火

炎炎眞火, 位鎭南方, 故火無不明之理, 輝光不久。全要伏藏, 故明無不滅之象。火以木爲體。

無木、則火不長焰。火以水爲用, 無水、則火太酷烈。故火多則不實, 火烈則傷物。木能藏火, 到寅卯方而生火, 不利於西, 遇申酉而必死。生居離位, 果斷有爲, 若居坎宮, 謹畏守禮。

활활 타는 불이 진정한 火이고 위치는 南方으로 火가 밝지 않을 이유가 없고 빛을 발하면 오래가지 않는다. 따라서 품고 숨기는 것이 필요한데 밝음은 不滅의 象이 아니기 때문이다. 火는 木을 체로 삼는다. 木이 없으면 火의 불꽃은 오래 가지 못한다. 火는 水로써 용을 삼으니 水가 없으면 심하게 작열한다. 고로 火가 많으면 부실해지고 火가 맹렬하면 만물을 손상 시킨다. 木이 능히 火를 감추니 寅卯方에 이르면 火를 생하나 西方에서는 불리하므로 申酉를 만나면 필히 꺼진다. 離의 자리에 거하여 생하면 과단성이 있고, 만약 감궁(坎宮)에 거하면 조심하는 마음으로 예의를 지킨다.

∴ 火의 성정은 염상이라 타올라야 진정한 모습으로 東南으로 흐르면 영화를 보고, 西北으로 향하면 점차 소멸되는 것이다. 火가 南方에 있으면 위세가 높아 과단성이 있으나 北方에 있으면 두려움을 알아 禮를 지킨다. 丙火는 생왕하여 死水에 불과한 壬水에 의해 극을 받지 않고 오히려 수화기제를 이루고, 丁火는 쇠갈하여 午月 외에는 甲木을 떠나 상격을 이룰 수 없다.

金得火和, 而能鎔鑄。水得火和, 則成旣濟。遇土不明, 多主蹇塞。逢木旺處, 決定爲榮。木死火虛, 難得永久, 縱有功名, 必不久長。春忌見木, 惡其焚也。夏忌見土, 惡其暗也。秋忌見金. 金難剋制。冬忌見水, 水旺則滅。故春火欲明, 不欲炎。炎則不實。秋火欲藏, 不欲明。明則太燥, 冬火欲生、不欲殺, 殺則歇滅。

金이 火의 조화를 얻으면 능히 주조할 수 있다. 水가 火의 조화를 얻으면 기제의 공을 이룬다. 土를 만나면 밝지 못하고 주로 지체되고 막힘이 많다. 木이 왕한 곳에 만나면 영화가 보증된다. 木이 죽으면 火가 허해져 오래가지 못하니 공명이 있어 쫓아도 필히 오래가지 못한다. 봄에 木을 보는 것을 꺼리는 것은 그 스스로 불타버림을 싫어하기 때문이다. 여름에 土를 보기를 꺼리는데 빛이 어두워지는 것을 싫어하기 때문이다. 가을에 金을 보는 것을 꺼리는 것은 金을 극제하기 어렵기 때문이다. 겨울에 水보는 것을 꺼리는 것은 水가 왕하면 火가 멸하기 때문이다. 고로 봄의 火는 밝은 것을 좋아하며 뜨거워지는 것을 바라지 않는다. 타오르면 부실해진다. 가을 火는 감추어지길 바라고 밝기를 바라지 않는다. 밝으면 아주 메마르게 된다. 겨울 火는 생하고자 할 뿐 죽으려고 하지 않는데 殺은 곧 소멸이기 때문이다.

∴ 여름철의 火가 土를 꺼리는 것은 戊己土이고 지지의 辰戌丑未를 의미하는 것이 아니다. 가을철의 火는 金이 왕하면 극제함이 어려운데 이는 庚辛金보다 申酉金을 더욱 두려워한다. 봄철의 火는 통명을 기뻐하고 조열함을 싫어하니 木이 많은 것을 싫어한다. 丙火는 계절불문하고 壬水와의 조합이 좋으나 丁火는 壬水와 배합되어 귀격이 되기 매우 어렵

다.

生於春月, 母旺子相, 勢力並行, 喜木生扶, 不宜過旺, 旺則火炎。欲水旣濟, 不愁興盛, 盛則沾恩。土多則蹇塞埋光。火盛則傷多烈燥。見金可以施功, 從重見用財尤遂

火가 봄에 생하면 母旺子相하여 그 세력이 병행하고 木의 생부를 기뻐하나 지나치게 旺하면 마땅치 않다. 旺하면 불타오르는 것이니 水로 旣濟를 바라고 水가 흥성함을 염려하지 않으며 盛한즉 은혜를 입게 된다. 土가 많으면 지체와 막힘이 많고 빛을 묻어 버리고 火가 성하면 상함이 많고 극히 조열 해진다. 金을 보면 가히 베푸는 공이 있으니 金이 여러 개 있어도 財를 용하므로 더욱 좇는다.

夏月之火, 秉令乘權。逢水制則免自焚之咎, 見木助必招夭折之患, 遇金必作良工, 得土遂成稼穡。金土雖爲美利, 無水則金燥土焦, 再加木助, 太過傾危。

여름 火는 병령승권(秉令乘權)하여 水를 만나 제하면

스스로 불타는 재앙은 면하나 木이 있으면 필히 요절의 근심을 있고 金을 보면 필시 좋은 기물을 만들며 土를 득하면 마침내 가색을 이룬다. 비록 金土가 아름답고 이로우나 水가 없으면 金土가 마르고 건조한데 재차 木이 있으면 지나쳐 위태로운 지경에 이른다.

秉令乘權 : 영을 쥐어 권한이 오름

∴ 여름 火는 조후가 시급하여 水의 殺을 기뻐하고 인수 木을 꺼리게 된다. 丙火는 수하기제의 공을 살리고 丁火는 金으로 기물을 만드는 것이 최상이다. 여름의 火는 지지 습토를 기뻐하는데 이는 가색의 요건을 갖추기 때문이다.

추월지화 성식체휴 득목생즉유부명지경 우수극난
秋月之火, 性息體休, 得木生則有復明之慶。遇水剋難
면운멸지재 토중이엄식기광 금다이손상기세 화견화
免隕滅之災。土重而掩息其光。金多而損傷其勢。火見火
이광휘 종첩견이필리
以光輝, 縱疊見而必利。

가을 火는 성체가 휴식할 때니 木의 生을 얻으면 다시 밝아지는 경사가 있다. 水를 만나 극하면 소멸의 재앙을 면하기 어렵다. 土가 重하면 그 빛이 가려져 어둡게 된다. 金이 많으면 그 기세가 손상당한다. 火가火를 보면 빛나니 비록 중복해 보더라도 반드시 이로움이 있다.

∴ 가을 火는 인수 木이나 비겁의 중첩을 기뻐한다. 단 丙火의 경우 인비의 조력은 별 영향을 미치지 못하므로 지지에 寅巳가 더욱 효율적이다.

동월지화 체절형망 희목생이유구 우수극이위앙
冬月之火，體絶形亡，喜木生而有救，遇水剋以爲殃。
욕토제위영 애화비위리 견금위난임재 무금이불조
欲土制爲榮，愛火比爲利。見金爲難任財，無金而不遭
해 천지수경 화수난성
害，天地雖傾，火水難成。

겨울 火는 體形이 절망하니 木의 生을 받아 구제됨을 기뻐하고 水의 극을 받게 되면 재앙이 따른다. 土가 제하면 영화롭고 火 비견은 이로우니 좋아한다. 金을 보면 財를 감당하기 어려우니 金이 없는 것이 해를 만나지 않는 것이고 천지가 한편으로 치우치면 水火로는 이루기 어렵다.

∴ 亥月은 火의 절지로 비록 丙火라 해도 壬水를 써서 상격을 이루는 경우는 드물다. 겨울 火에 金은 재왕생살로 해롭게 작용하나 丁火는 예외 없이 甲庚조합으로 벽갑인정이 되어 귀격으로 삼게 된다.

■ 三春丙火總論

三春丙火，秉象至威，陽回大地，侮雪欺霜，耑用壬水，爲扶陽，名曰天和地潤，旣濟功成。正月用壬，庚辛爲助，二月耑用壬水，三月土重晦光，取甲佐之爲妙。癸丙春生，不晴不雨之天。丙日春生，時月出癸，雲霧迷濛，不顯不達，非若壬水輔丙也。

봄의 丙火는 형상을 쥐고 지극히 위엄이 있으며 양기가 대지로 돌아오니 눈과 서리를 업신여기고 오직 壬水를 써서 부양하므로 天和地潤이라 하여 기제의 공을 이룬다. 寅月은 壬水를 쓰고 庚辛으로 보좌하고, 卯月은 오직 壬水만을 쓰고 辰月은 土가 중하여 회광하니 甲木을 취하여 보좌하면 묘함이 있다. 癸丙이 봄에 생하면 不晴不雨한 하늘이다. 丙 일주가 봄에 태어나고 時干이나 月干에 癸水가 투하면 구름과 안개가 자욱한 형상이니 현달하지 못하고 壬水가 丙火를 보(輔)하는 것과는 같지 않다.

∴ 丙火 일간이 壬水을 쓰면 강휘상영의 귀격을 이

루고 대개 수화기제의 象을 이룬다. 따라서 三春 丙火는 壬水를 귀하게 쓴다. 丙火는 癸水로 인해 태양이 가려 지는 것을 꺼린다. 만약 春月에 丙火가 강한 경우에는 癸水를 겁내지 않으나 月干 時干에 동시에 투하면 발전성이 없다.

■ 三春丙火

正月丙火，三陽開泰，火氣漸炎，取壬爲尊，庚金佐之。壬庚兩透，科甲定然。則壬透庚藏，亦有異途顯達。

寅月 丙火는 삼양이 열려 커질 때니 火氣가 점점 타올라 壬水를 취하는 것이 중요하고 庚金으로 보좌한다. 壬庚이 모두 투하면 과갑이 자연스럽게 된다. 壬水가 투하고 庚이 암장되면 역시 이도로 현달한다.

∴ 재성 庚金은 암장되어도 좋은데 庚중의 申이 月支 寅木과 相沖되지 않아야 한다. 상충되면 자윤과 化殺의 효용을 잃게 된다.

若一庚高透，支藏一二丙火，納粟奏名，主爲人慷慨英雄，有才邁衆。或一派庚辛混雜，常人。得時月兩透庚金、無辛者，定主淸貴。或辛年辛時，名爲貪合，酒也之徒。女命一理。

만일 하나의 庚金이 투하고 지장간에 한두 개의 丙이 있으면 납속주명(納粟奏名)으로 강개심이 있는 영웅으로 무리 중에 뛰어난 재주가 있는 사람이다. 혹 한 무리의 庚辛이 혼잡하면 평상인이다. 時干 月干에 庚金이 같이 투하고 辛金이 없는 명은 청귀하다. 혹 辛年 辛時로 탐합하면 주색을 즐기는 무리다. 여명도 동일하다.

納粟奏名 : 곡물을 바쳐 권력을 얻음. 즉 부가 귀를 앞서는 명주를 말함.

∴ 庚辛金의 재가 혼잡해도 신왕하면 능히 귀격을 이룰 수 있다. 兩辛이 투출하면 丙火가 合을 탐하여 본성을 잃기 쉽다.

或丙少壬多，而無戊制，名殺重身輕。斯人笑裡藏刀，尋非痞棍. 或見一戊制壬，反成富貴，宜見一二比肩方妙.

혹 丙火가 적고 壬水가 많은데 戊土로 제하지 못하면 殺重身輕이라 한다. 이런 사람은 웃음 속에 칼을 감추고 있는 사람으로 평소에는 악한 모습이 없다. 혹 하나의

戊土가 壬水을 제하면 도리어 부귀하고 이때는 마땅히 한 두 개의 比肩을 보면 묘하다.

∴ 食神으로 제살 하려면 극설교가(剋洩交加)의 우려가 있으므로 응당 身旺해야 한다.

或一片戊土, 甲不出干, 終非大器, 且恐孤貧。正月之丙, 忌戊晦光。或支成火局, 耑取壬水爲貴. 無壬、癸亦姑用。若壬癸俱無, 取戊以洩火氣, 但屬平人。

혹 한 무리의 戊土 있는데 甲木이 투간하지 않으면 종내에 큰 그릇이 못되고 고빈 함이 걱정된다. 寅月 丙火는 戊土가 회광함을 꺼린다. 혹 지지에 火局을 이루면 壬水를 취해 귀를 이룬다. 壬水가 없으면 癸를 쓴다. 만약 壬癸가 모두 없으면 戊土를 취해 火氣를 설(洩)하지만 평상인에 지나지 않는다.

或支成火局, 弔作炎上而推, 但不逢時耳。若不見東南歲運, 反致孤貧。或四柱有甲木, 得庚金暗制, 可作秀才.

지지 火局을 이루면 염상이라고 간주하지만 때를 만난

것은 아니다. 만약 東南 歲運을 만나지 못하면 오히려 고빈하게 된다. 혹 사주에 甲木이 있는데 庚金이 암제하면 秀才의 명이 된다.

∴ 寅月에 지지 火局이면 계절을 얻지 못해 진정한 염상격이라 할 수 없다. 따라서 세운에서만 東南運을 기뻐하고 金水運을 만나면 급격히 추락할 우려가 있다.

無壬用癸者, 略富貴, 且官殺亦要旺有根。丙火無壬, 多主貧賤, 屢徵屢驗。或火多無水, 一至水　必死。不然, 定有災咎, 惟五月丙火, 合炎上格, 則不喜水破格。用癸無根, 定主目疾。用壬者, 金妻水子。用庚者, 土妻金子.

壬水가 없고 癸水를 사용해도 대략 부귀하지만 관살이 왕하고 뿌리가 있어야 한다. 丙火는 壬水가 없으면 빈천한 경우가 많음을 여러 번 경험한 바 있다. 혹 火가 많고 水가 없으면 水運에 이르러 필시 죽음에 이른다. 그렇지 않으면 재앙과 허물이 있다. 오직 午月 丙火가 염상격에 부합하면 水가 와서 파격됨을 꺼린다. 癸水를 쓰면서 무근하면 안질이 있다. 壬을 용하면 金이 처요 水가 자식이다. 庚을 용하면 土가 처요 金이 자식이다.

∴ 寅月에는 水가 병궁(病宮)에 임하여 뿌리가 없으면 쉽게 마르니 귀하기 어렵고 癸水는 속히 마르니 안과 계통의 질환이 따르기 쉽다. 癸水는 寅月의 지지가 沖으로 개고되어 戊土와 합거 되어 지지의 기물이 파괴되므로 불리하다.

이월병화 양기서승 단용임수 임투천간 불견정
二月丙火, 陽氣舒升, 耑用壬水。壬透天干, 不見丁

화 가이경신기역투 임수유근 정주과갑
化, 加以庚辛己亦透, 壬水有根, 定主科甲。

卯월 丙火는 양기가 펼쳐 오르니 오로지 壬水를 용한다. 壬이 천간에 투하여 丁火와 합화되지 않고 또한 庚辛 己가 투하고 壬水가 유근하면 자연히 과갑한다.

∴ 卯월 丙火는 인수를 축으로 壬水를 용하는 인수용살에 庚辛金이 보좌하는 재자약살이나 己土의 상관가살로 귀격을 이룬다.

혹무임수 기토고용 주유재학 수불능성명 필의식
或無壬水, 己土姑用, 主有才學, 雖不能成名, 必衣食

충족
充足.

혹 壬水가 없으면 己土로 대용하는 데 재능과 학식이 있으므로 이름은 떨치지 못해도 의식은 충족하다.

∴ 壬水가 있으면 貴가 보장 되고 己土로 설기하여 성격되면 貴는 작고 富는 있다. 십간론에 丙己의 조합은 "대지보조(大地普照)"의 상으로 학술 종교 교육 써비스업에서 두각을 나타낸다고 했다.

或一派壬水，見一戊制，雖不科甲，亦有恩庇。或無戊透，則有辰戌丑未之戊，但辰宮癸水，貪合成火，不能制土，此平常衣祿。若支下全無一戊，此係奔流之人，加以金多生水，下賤之命。

혹 한 무리의 壬水가 있고 戊土로 제하면 비록 과갑은 아니나 역시 은비(恩庇)는 있다. 혹 戊土가 투하지 않으면, 즉 辰戌丑未의 戊가 있으면 辰중 癸水가 탐합 하여 火를 이루어 土로 제하는 것이 불능하므로 평범한 명이 되어 의록이 있을 뿐이다. 혹 지지에 하나의 戊土도 없으면 분란을 일으키고 유랑하는 사람이고 더하여 金이 많아 水를 生하면 하천한 명이 된다.

恩庇 : 감싸고 보호받는 은혜

∴ 七殺을 제복하지 못하면 떠돌이 팔자고 財가 殺을 생하면 하천한 명이 된다. 지지의 土는 戊土만이 水를 제할 수 있다.

或一派戊土，亦用壬水，運喜行木，見土不祥。行火亦不利.

혹 한 무리의 戊土가 있어도 역시 壬水를 써야하는데 木運으로 가면 기쁘고, 土를 보는 것은 상서롭지 못하고 火運으로 가면 역시 불리하다.

∴ 甲木이 없으면 東方 木運으로 흘러도 크게 발전 하지 못하고 다만 運을 잃지 않을 뿐이다.

或丙子日辛卯時，乃從化格，但不逢時貪財壞印，難招祖業。若得一二重丁火破辛，壬水得位亦主富貴，雖不科甲，亦有異途，名傳郡邑。合此格，主妻妾多子。或月時見二辛卯，日乃丙子，名爲爭合，年不透丁制辛，此人昏迷酒色，年透丁火，反吉。或支成木局，反因奸得財，因酒得名。凡用壬子，金妻水子.

혹 丙子日 辛卯時에 태어나면 종화격이 될 수 있으나 때를 만나지 못하면 탐재괴인(貪財壞印)이 되어 조업을 잇기가 어렵다. 만약 한두 개 丁火가 겹쳐서 辛金을 파하고 壬水가 得位하면 역시 부귀하고 비록 과갑이 아닐지라도 이도로 군읍에 이름이 난다. 이런 격에 해당되면 처첩을 두고 자식이 많다. 혹 月時가 辛卯에 丙子日 이면 쟁합이 되고 年에 丁火가 투하지 않아 辛金을 제하지 못하면 그 사람은 혼미하고 주색에 빠지니, 年에 丁火가 투하면 오히려 길하다. 혹 지지 木局을 이루면 간사함으로 재물을 얻고 주색으로 이름이 난다. 壬을 용하면 金이 처요 水가 자식이다.

貪財壞印 : 약한 인수가 재성에 의해 파괴되는 형국

∴ 화격을 지어도 월령을 얻지 못해 귀격이 되지 못한다. 干支合刑은 곤랑도화로 주색을 좋아하고 파가할 우려가 있다.

三月丙火(삼월병화), 氣漸炎升(기점염승), 用壬水(용임수), 或成土局(혹성토국), 取甲木爲輔(취갑목위보), 壬不可離(임불가리)。壬甲兩透(임갑량투), 科甲定宜(과갑정의), 惟忌庚出制甲(유기경출제갑), 則秀才而已(즉수재이이)。無甲用庚(무갑용경), 助壬水洩土氣(조임수설토기)。

辰月 丙火는 火氣가 점점 불타오르니 壬水를 용하고 혹 土局을 이루면 甲木을 취하여 보조하되 壬水를 떼놓고는 불가하다. 壬甲이 모두 투하면 과갑이 자연스럽고 오직 庚金이 출하여 甲을 제하는 것을 꺼리므로 그러하

면 수재에 그칠 것이다. 甲木이 없으면 庚金으로 壬水를 생조하고 土氣를 洩한다.

∴ 土氣를 洩할 때는 반드시 일주가 신왕해야 한다. 이것은 甲木이 土를 제하여 壬水를 보호하고 일주身을 돕는 것과는 비교되지 않는다.

壬透甲藏, 富大貴小, 有甲無壬, 勞碌濁富。壬藏無甲, 一介寒儒. 壬甲兩無, 愚賤之輩。乙丁雜亂, 定必屬凡夫. 用壬者, 金妻水子。用甲者, 水妻木子。

壬水가 투하고 甲이 암장되면 부가 크고 귀가 작다. 甲木이 있고 壬이 없으면 힘겹게 고생하며 재물을 모은다. 壬이 암장되고 甲이 없으면 일개 가난한 선비에 불과하다. 壬甲이 모두 없으면 우매하고 빈천한 무리가 된다. 乙丁이 섞여 혼란스러우면 필시 평상인에 속한다. 壬水를 용하면 金이 처요 水가 자식이다. 甲木을 용하면 水가 처요 木이 자식이다.

∴ 辰月 丙火는 壬甲이 투하면 부귀하나 둘중 미약한 부분이 있으면 해당 부귀는 감소된다. 乙은 庚을 丁은 壬을 합하면 본래의 작용을 잃게 되어 평상인에 불과하다고 한 것이다.

■ 三夏丙火總論

三夏丙火, 陽威性烈, 專用壬水。若亥宮壬水無力, 回剋洩氣故也, 仍用申宮長生之水, 方云富貴。

여름 丙火는 陽이 위세를 떨쳐 성정이 맹렬하므로 오직 壬水를 써야한다. 만약 亥宮 壬水라면 무력하여 회극설기(回剋洩氣)하니 거듭 申宮에서 장생되는 水를 용하면 부귀를 말할 수 있다.

∴ 壬水가 출간하지 않으면 亥와 申에 암장된 壬水를 취할 수 있다. 여름에 亥중 壬水는 회극설기하여 申중 壬水와 같지 않다. 巳月에는 巳亥가 충하고 午월에는 午중 丁己가 亥중 壬甲을 상합하여 용신을 기반한다. 未月에는 亥未 木局의 가능성이 있어 水氣를 洩하기 쉽다.

四月耑用壬水, 金爲佐。五月亦耑用壬。四五月壬透者富貴。丁多、兼看癸水。六月用壬, 但借庚金爲佐。

巳月에는 오로지 壬水를 쓰고 金으로 보좌한다. 午月 역시 壬水를 쓴다. 巳午月에 壬水가 투하면 부귀하다. 丁火가 많으면 癸水를 겸해서 본다. 未月에는 壬水를 용하는 데 庚金으로 보좌해야 한다.

陽刃合殺, 威權萬里。丁火羊刃太旺, 正謂羊刃倒戈, 無頭之鬼。丙火用壬, 生旺坐實方好, 忌壬水太多, 名殺重身輕.

양인이 합살되면 권위가 만리에 미친다. 丁火 羊刃이 태왕하면 양인도과라 하니 목이 없는 귀신이 된다. 丙火가 壬水를 용하는 데 생왕의 자리에 居하여 실하면 좋고 壬水가 태다하면 살중신경이 되어 꺼린다.

∴ 午月 丙火는 羊刃이 사령하니 천간에 丁火 壬水가 투하여 合殺하면 대귀격이 된다. 양인도과(羊刃倒戈)란 양인으로 인해 日元이 지나치게 왕성해진 것으로 만일 甲木이 化殺하여 刃을 더욱 생하면 오히려 자신을 해치는 것이다. 따라서 巳午月의 丙火가 殺刃格을 이루면 印綬를 쓰지 못한다.

■ 三夏丙火

四月丙火, 建祿於巳, 火勢炎炎, 宜專用壬水, 解炎威之力, 成旣濟之功。如無壬水, 孤陽失輔, 難透淸光, 得庚發水源, 方爲有根之水。壬庚兩透, 不見戊土, 號曰湖水汪洋, 廣映太陽, 光輝顯著, 文明之象, 人合此格, 不但科甲崢嶸, 必有恩諡封榮, 若不驗, 必暗損陰德。

巳月 丙火는 巳에 건록이 되어 火勢가 활활 타는 형국이니 壬水를 전용해서 火의 위협을 해소하고 기제의 공을 이루어야 한다. 壬水가 없으면 孤陽失輔하여 청광이 투하기가 어렵고 水源을 발하는 庚金을 얻으면 水의 뿌리가 있는 것과 같다. 壬庚이 모두 투하고 戊土가 없으면 호수왕양이라 해서 태양이 널리 비추어 밝은 빛이 현저하게 나타나는 文明之象이라 하고 인격이 이에 부합하면 벼슬이 높을 뿐만 아니라 필시 恩諡封榮이 있고 만약 그렇지 않으면 필시 음덕에 보이지 않는 손실이 있다.

恩諡封榮 : 윗사람의 은혜를 입음

或無壬水, 癸亦姑用, 見庚透癸, 不富必貴, 但心性乖僻, 巧謀善辯. 或壬癸俱無, 愚頑之輩。火炎無制, 僧道之流, 不然, 須防夭折。或一派庚金, 不見比劫, 有富無貴.

혹 壬水가 없으면 癸水를 잠시 用할 수 있으므로 庚金이 있고 癸水가 투하면 富하지는 않으나 필히 貴하고, 단 심성이 괴팍하고 교묘하며 언변이 좋은 사람이다. 혹 壬癸가 모두 없으면 어리석고 고집이 센 사람이며 火炎을 제하지 못하면 승도의 부류이며 그렇지 않으면 요절을 방지해야 한다. 혹 한 무리의 庚金이 있고 比劫이 없으면 富는 있으나 貴는 없다.

∴ 巳月 丙火는 水가 없어서는 안 되고 水가 쇠약하니 庚金의 보좌가 있어야 한다. 癸水는 壬水에 비해 힘이 약하여 貴가 삭감되고 말솜씨로 무리를 이끈다. 화염토조(火炎土燥)는 승도의 팔자 아니면 빈천하거나 요절한다.

或丙午日干, 四柱多壬, 不見戊制, 名曰陰刑殺重, 光棍之流. 或支成水局, 加之重重壬透, 一無制伏, 盜賊之命, 如見己土, 下賤鄙夫。用壬者金妻水子。

혹 丙午 일간이 사주에 壬水가 많아 戊土가 제하지 않으면 陰刑殺重 이라 하여 광곤(光棍)의 부류다. 혹 지지 水局을 이루고 또 壬水가 중중하면서 투하는 데 제복함이 없으면 도적의 명이고 만일 己土가 있으면 하천하고 속된 사람이다. 壬을 용하면 金이 처요 水가 자식이다.

光棍 : 일정한 직업 없이 떠돌아다니는 불량배

∴ 팔자에 殺刃이 많고 격을 이루지 못하면 도적의 명이 되기 쉽다. 殺刃이 하나씩 있어 서로 제하면 권위가 나타나지만 편중되면 흉포하다.

五月丙火愈炎, 得壬庚高透, 方爲上命。或一壬無庚, 亦主貢監, 猶防戊己出干, 丁壬化合, 則爲平人。則不透庚壬, 或有申宮長生之水, 濟之坐祿之金, 至妙, 必入詞林. 又怕戊己雜亂, 則爲異路。

午月 丙火는 더욱 뜨거우니 壬庚이 높이 투해야 상명이 된다. 혹 하나의 壬水가 있고 庚金이 없으면 貢監은 하고 오히려 戊己가 출간하여 방해하거나 丁壬 화합하면 평상인이다. 庚壬이 투하지 않으면 혹 水의 長生인 申宮이 있으면 金의 祿에 좌하게 되어 구제되는 묘함이 있으니 필시 사림에는 들게 된다. 또 戊己가 혼잡 되어 水의 파함을 꺼리니 명이 이러하면 異路의 길을 간다.

혹성화국 불견적수자 내승도환독지명 즉유일이계
或成火局, 不見滴水者, 乃僧道鰥獨之命。則有一二癸
수 다우화토 용지무력 고목지인 득무기투설화기
水, 多遇火土, 用之無力, 瞽目之人。得戊己透洩火氣,
역주형극고과 행북운다흉 하야 소위조렬수격반흉
亦主刑剋孤寡, 行北運多凶, 何也, 所謂燥烈水激反凶。

혹 火局을 이루고 滴水를 보지 못하면 승도 홀아비 독신의 명이 된다. 한두 개의 癸水가 있고 火土가 많으면 용이 무력하여 소경이 된다. 戊己가 투하여 火氣를 洩하면 역시 형극하고 과부 홀아비가 되고 北運으로 가면 흉이 많으니 어찌 된 것인가, 조열할 때 水가 격발하면 반대로 흉한 것이다.

∴ 원명에 金水가 없을 때 北方 水運으로 흐르면 매우 흉하다는 것은 火가 몹시 조열한데 물이 한 방울이라도 들어오면 오히려 불꽃을 격동시키는 상황이기 때문이다.

혹성염상격 주운불견경신 다견갑을자 반주대부
或成炎上格, 柱運不見庚辛, 多見甲乙者, 反主大富
귀 연역불가가견수운
貴, 然亦不可加見水運。

혹 염상격을 이루고 사주의 運이 庚辛을 보지 않고 甲乙을 많이 보면 오히려 대부귀하나 水運을 보는 것은 불가하다.

∴ 팔자에 金水가 없고 지지에 火局을 이루는 염상격은 대부대귀격을 이룬다. 이때는 水運이 좋지 않다. 염상격을 土로 설하면 화염토조하여 富는 크나 貴는 삭감된다.

或有庚癸透者, 衣祿充足, 支火輕, 無目疾, 支見水者, 異途。或成土局, 又爲洩太過, 得壬滋甲出干, 土被制而火得生扶, 此必富貴壽考之格也。

혹 庚癸가 투하면 의록이 충족하고 지지에 火가 輕하면 안질이 없고 지지에 水를 보면 異途로 간다. 혹 土局을 이루고 또 설기가 태과한데 壬水로 자윤한 甲木이 출간하면, 土를 제하니 火는 생부를 얻어 필시 부귀하고 장수하는 격이 된다.

∴ 午月 丙火는 庚壬 용신이 상격이고 庚癸는 丙火를 불청(不晴) 하므로 상대적으로 貴는 낮은 富格을 이룬다. 支見水者란 子水를 말한다.

六月丙火退氣, 三伏生寒, 壬水爲用, 取庚輔佐。

未月 丙火는 퇴기하고 삼복에 한기가 생하여 壬水를 용하고 庚金을 취해 보좌한다.

庚壬兩透, 貼身相生, 可云科甲名宦, 若無庚有壬, 不見戊出, 小富小貴, 見戊制壬則爲鄕賢而已。或己土出干混雜, 此必庸夫俗子。或壬水淺, 己土出干, 其人貧困, 無壬下格, 賤而且頑, 男女一理。

庚壬이 모두 투하고 서로 붙어 상생하면 과갑하여 이름난 신하가 되고, 만약 庚金이 없고 壬水만 있는데 戊土가 출하지 않으면 소부소귀하고, 戊土가 壬水을 제하면 鄕賢에 그칠 것이다. 혹 己土가 출간하여 혼잡하면 필시 庸夫俗子에 불과하다. 혹 壬水가 미약하고 己土가 출간하면 그 사람은 빈곤하고 壬水가 없으면 하격이고 비천하며 고집에 세다. 이는 남녀가 모두 동일하다.

鄕賢 : 향리에서 현명한 사람
庸夫俗子 : 용렬하고 속된 사람

或天干一派丙火, 陽極生陰, 干支兩見庚壬, 登科及第.

혹 천간에 한 무리의 丙火가 있으면 양극생음 하므로 干支 모두 庚壬이 있으면 등과급제 한다.

∴ 일파 丙火가 있으면 양극음생하여 이때는 필시 재살이 있어야 한다,

總之六月丙火用壬，不同餘月用壬，喜運行西北．六月用壬，喜運行西南。

총론해서 未月 丙火가 壬水를 용신으로 삼으면 다른 月이 壬水를 용할 때 運이 西北으로 행함을 기뻐하는 것과는 달리 南西로 행하는 運을 기뻐한다.

> ∴ 未月에는 東南運을 향하면 길하지만 水運에는 상관격이 관살을 보아 파란이 일기 쉽다. 巳午月은 西北運이 길하다. 未月도 金運은 나쁘지 않다. 三夏 丙火가 金運을 향하면 천석지기가 된다고 하였다.

■ 三秋丙火

七月丙火，太陽轉西，陽氣衰矣，日近西山，見土皆晦，惟日照湖海，暮夜光天，故仍用壬水輔映光輝。

申月 丙火는 태양이 서쪽으로 가니 양기가 쇠약하다. 태양이 서산에 가까우니 土를 보면 모두 어둡게 되고 생각하건대 日照湖海 暮夜光天이니 거듭 壬水를 용하여 보영광휘(輔映光輝)할 것이다.

日照湖海 : 태양이 강이나 바다를 비춤
暮夜光天 : 날이 저물어 가는데 광채가 불타오름
輔映光輝 : 비춰 태양의 빛남을 도움

∴ 丙火가 申月에 이르면 식신 土를 기뻐할 리 없다. 이때 丙火는 寅이나 巳에 통근하여 신강함을 요한다.

如壬多, 取戊制方妙。有壬透干, 又見戊土出干, 可云科甲。如戊藏支內, 不過生員。多壬無戊, 平常人也。或戊多壬少, 亦屬常人, 或多壬, 一戊出制, 所謂衆殺猖狂, 一仁可化, 必主顯達, 有權職。

만일 壬水이 많으면 戊土를 취하여 제하면 묘해진다. 壬이 투간하고 또 戊土가 출간하면 가히 과갑에 이른다. 만일 戊가 암장되면 생원에 불과하다. 壬水가 많고 戊土가 없으면 평상인이다. 혹 戊土가 많고 壬이 작으면 역시 평상인이고, 혹 壬水가 많고 하나의 戊가 출하여 제하면 "重殺猖狂이 一仁可化"라 하여 반드시 현달하고 고위직에 오른다.

∴ 申月 丙火에 壬水의 과다 여부에 따른 戊土의 제

살 능력에 의해 과갑이 결정된다. 壬水가 출간하면 戊土가 투하면 과갑에 이르고 辰戌에 암장되면 생원에 불과하다.

一派辛金，又爲棄命從才，奇特之造，亦得恩榮，但多依親戚而爲進身之階，從財者以水妻木子。

한 무리의 辛金이 있으면 기명종재 하니 기특한 명조로 역시 은영은 있고 다만 친척에게 많이 의지하여 출세의 발판을 삼는다. 종재는 水가 처요 木이 자식이다.

∴ 辛은 丙火와 합하여 化格을 짓기 쉬운 것 같으나 丙火 일주가 여타의 오행으로 化하는 경우는 드물다. 申月에 辛이 아닌 庚의 종재는 科甲이 아니어도 이도로 발전하는데 이는 재왕하여 관을 생하기 때문이다.

八月丙火，日近黃昏，丙之餘光，存於光湖，仍用壬水輔映.

申月 丙火는 태양이 황혼에 가까우니 丙火의 여광이 호수에 빛나니 거듭 壬水를 용하여 보영(輔映)한다.

輔映 : 빛이 빛나게 비추는 것을 도와줌

∴ 丙火의 남은 빛이 있는 한 江湖가 있어야 하므로 壬水로 비추는 것을 도와야 한다.

四柱多丙, 一壬高透爲奇, 定主登科及第。富貴雙全。一壬藏之, 亦主秀才。或戊多困水, 則假作斯文, 若無壬水, 癸亦可用, 但功名不久。

사주에 丙火가 많고 하나의 壬水가 높이 투하면 기이하여 반드시 등과급제하고 부귀가 완전하다. 하나의 壬이 장간에 있으면 역시 뛰어난 수재이다. 혹 戊土가 많아 水를 제하게 하면 가도사문(假作斯文)이고 만약 壬水가 없으면 역시 癸水를 사용하지만 공명이 오래가지 못한다.

假作斯文 : 거짓으로 겉으로만 유학자 행세를 함.

∴ 壬水가 없고 癸水를 쓰더라도 오래가지 못함은 丙癸의 배합이 丙壬만 못하기 때문이다.

或見辛透, 不能從化, 貧苦到老, 或見一丁制辛, 爲人奸詐, 不識高低, 女命合此, 長舌淫賤。

혹 辛金이 투간 했는데 종화되지 않으면 늙도록 빈고

하고, 하나의 丁火가 辛을 제하면 인물이 간사하고 위아래를 분간 못한다. 女命이 이러하면 말이 많고 음천하다.

∴ 酉는 財桃花로 丙火가 무근하고 쇠약하면 대개 남녀 모두 색을 좋아하고 음란해 지기 쉽다. 그러나 신강한 丙火는 金재성도 강하여 격을 이루면 부자의 가능성이 높다.

或成金局, 無辛出干, 此非從財, 乃朱門餓莩, 如辛出干, 不見比劫, 此從財格, 反主富貴, 親戚提拔, 妻賢內助, 用水者, 金妻水子, 從財者, 水妻木子。

혹 金局을 이루고 辛金이 출간하지 않으면 종재가 아니므로 이는 주문아부(朱門餓莩)가 된다. 만일 辛金이 출간하고 比劫을 보지 못하면 이는 종재격이고 오히려 부귀하여 친적의 후원을 받으며 처가 어질고 내조를 잘한다. 水를 용하면 金이 처요 水가 자식이다. 종재면 水가 처요 木이 자식이다.

朱門餓莩 : 고관 집에서 굶주림. 즉 부옥빈인과 동일의미

∴ 酉月 丙火가 진종이 성립되면 부귀격을 이룬다. 이런 사주는 귀인이나 친지의 도움이 적지 않으며 아내가 현명하여 내조의 덕이 있다.

九月丙火, 火氣愈退, 所忌土晦光, 必須先用甲木, 次取壬水。甲壬兩透, 富貴非凡, 若無壬水, 得癸透干, 亦可, 雖不科甲, 異路功名。壬癸藏支, 頁監而已。甲藏壬透, 無庚破甲, 可許秀才。或庚戊困了水木, 定是庸才, 無甲壬癸者, 下格。

戌月 丙火는 火氣가 더욱더 물러나니 土의 회광을 꺼리고 필히 甲木을 우선 쓰고 다음으로 壬水를 취한다. 甲壬이 모두 투하면 부귀가 비범하고 만약 壬水가 없고 癸가 투하면 역시 가하므로 비록 과갑은 아니라도 이로 공명한다. 壬癸가 지지에 암장되면 공감에 그친다. 甲木이 암장되고 壬水가 투했는데 庚金이 甲을 파하지 않으면 가히 수재는 된다. 혹 戊庚가 水木을 제하면 평범한 재능에 머물고 甲木과 壬癸가 없으면 하격 이다.

∴ 丙火는 빛을 가리는 것을 싫어하니 먼저 甲木을 용하여 土를 제해야 壬水와 조화를 이루기가 용이하다. 戌月은 土가 건조하여 木이 메마른다. 壬癸를 취하는 이유는 같으나 壬은 丙火의 강휘를 돕지만 癸는 甲木의 자윤에만 그친다.

或一派火土，雖不太旺，亦自燥矣，如不離鄕過繼，亦主奔流，加以無庚辛壬癸出干，必爲夭命。或支成火局，炎上失時，若運入南方，一貧徹骨。用甲者，水妻木子，用壬者，金妻水子。

혹 한 무리의 火土가 있으면 비록 태왕하지 않아도 스스로 조열하니 고향을 떠나지 않아도 계승하지 못하고 양자가 되기 쉽고 庚辛과 壬癸가 투하지 않으면 필히 요절하는 명이 된다. 혹 지지에 火局을 이루고 炎上이 失時하여 運이 南方으로 들면 매우 가난해진다. 甲을 용하면 水가 처요 木이 자식이고, 壬을 용하면 金이 아내요 水가 자식이다.

∴ 戌月 丙火에 일파 火土가 있으면 고향을 등지거나 고향을 떠나지 않아도 조업이나 가계를 잇지 못하므로 양자가 되기 쉽다. 地支火局 염상격을 이루면 東南運에 대길하다. 염상이라도 격을 이루지 못하면 火運에 팔자는 더욱 가난해진다.

■ 三冬丙火

十月丙火，太陽失令，得見甲戊庚出干，可云科甲，主爲人性好淸高，斯文領袖。如辛透見辰，名化合逢時，主大貴.

亥月 丙火는 태양이 失令하여 甲戊庚이 출간하면 과갑에 이르고, 이 사람은 청고함을 좋아하고 사문의 영수가 된다. 辛金이 투간하여 辰을 보면 化合하여 時를 만나니 대귀하다.

∴ 亥月은 유일하게 壬水를 용으로 삼지 않는 때다. 그러나 亥月도 근기가 튼튼하고 신강하면 壬을 쓸 수도 있다. 丙火가 寅巳에 뿌리를 내리고 신강한 이상 壬은 곧 귀를 의미하여 殺이 아닌 官의 작용을 수행한다. 丙火는 최양(催陽)이라 쉽게 化하지 않는다. 따라서 지지에 水局과 北方이 있으면서 辰을 보아야 眞化가 성립된다.

或壬多無甲，乃作棄命從殺，則不科甲，亦是宦僚。

或壬多有甲無戊，卻非從殺，宜用己土混壬。

壬水가 많고 甲이 없으면 기명종살이 되어 과갑이 아

니라도 환료는 된다. 혹 壬水가 많고 甲이 있고 戊土가 없으면 도리어 從殺이 되지 않고 己土를 用하여 壬水를 혼합함이 마땅하다.

∴ 양간은 印星이 있는 한 從하지 않는다. 亥宮의 壬水는 당왕하여 木을 생하기가 어렵다 이때 己土가 출간하여 壬水을 혼합하면 甲木을 배양하고 丙火를 생한다. 보통 壬水가 己土를 보면 혼탁하여 흉하나 甲乙木의 뿌리배양을 위한 니토(泥土)의 비옥한 땅이 되면 오히려 길하다. 亥未가 모여도 己土가 壬水를 混合하는 이치와 같다.

총지십월병화 목왕의경 수왕의무 화왕용임 수의 작용가야
總之十月丙火, 木旺宜庚, 水旺宜戊, 火旺用壬, 隨宜酌用可也.

총론해서 亥月 丙火는 木이 왕하면 庚金을, 水가 왕하면 戊土가 마땅하고, 火가 왕하면 壬水을 사용하니 명주의 상황을 잘 참작하여 쓸 수 있어야 한다.

십일월병화 동지일양생 약중부 임수위최 무토 좌지
十一月丙火, 冬至一陽生, 弱中復強, 壬水爲最, 戊土佐之.

子月 丙火는 동지에 일양이 생하니 약한 가운데 다시 강해지므로 壬水를 최고로 삼고 戊土로 보좌한다.

∴ 子月의 丙火는 戊土의 회광을 몹시 싫어하므로 戊土는 用인 동시에 病이다.

壬戊兩透(임무량투), 科甲可許(과갑가허), 無戊見己(무무견기), 異路功名(이로공명)。 或無壬水(혹무임수), 有癸出干(유계출간), 得金滋無傷(득금자무상), 又有丙透以解凍(우유병투이해동), 可許衣衿(가허의금).

壬戊가 모두 투하면 과갑은 가능하고 戊土가 없고 己가 있으면 이로공명 한다. 혹 壬水가 없고 癸水가 투하면 金으로 자양해야 상함이 없고 丙火가 투하여 해동해야 의금을 허락한다.

∴ 壬水가 없어 癸水를 취하나 中冬의 癸는 雪霜과 같으니 丙火로 해동해야 의금이 있다. 癸水가 투하지 않으면 地支에 癸가 있는 것이니 이때도 金의 도움을 받아야 한다.

或一派壬(혹일파임), 則耑用戊土(즉단용무토), 此人雖不成名(차인수불성명), 文章邁衆(문장매중), 但名利虛浮(단명리허부), 何也(하야), 因戊晦光(인무회광), 又須甲木爲藥也(우수갑목위약야), 或無壬水(혹무임수), 癸亦可用(계역가용), 但不甚顯(단불심현)。 或四柱多壬無甲(혹사주다임무갑), 乃作棄命從殺(내작기명종살), 亦有雲路(역유운로)。

혹 한 무리의 壬水가 있으면 오직 戊土를 용하는 데 비록 이 사람은 명리는 없으나 문장은 뛰어나다. 명리가 허부한 것은 어찌하랴. 이는 戊土가 회광하기 때문이니 반드시 甲木이 약이 된다. 혹 壬水이 없으면 癸도 사용이 가능하나 현달하지는 않는다. 혹 사주에 壬水가 많고 甲木이 없으면 기명종살을 이루니 역시 운로가 있다.

∴ 壬이 많고 戊土가 있다면 귀격을 이루는게 아니라 戊土가 회광하여 오히려 가난하고 고생하기 쉽다. 기명종살은 地支水局에 北方이 완전해야 眞從이 되는 것이다.

혹수다 유갑 무무 각비종살 의용기토탁임 십일
或水多、有甲、無戊, 卻非從殺, 宜用己土濁壬, 十一
월병화 여십월파동
月丙火, 與十月頗同。

혹 水가 많고 甲木이 있고 戊土가 없으면 종살이 되지 않으니 己土를 용하여 탁임(濁壬)이 마땅하니 子月 丙火는 亥月과 꽤 비슷하다.

∴ 己土로 壬水와 혼합하는 격국은 亥月과 동일하다. 다만 亥月은 亥중 甲이 유기하여 甲木이 투간하지 않아도 되지만 子月에는 甲木이 투해야 만 니토(泥土)의 효용이 있다.

十二月丙火, 氣進二陽, 每雪欺霜, 喜壬爲用, 己土司令, 土多又不可少甲, 壬甲兩透, 科甲堪宜, 甲藏則秀才而已, 或無甲得一壬透, 富中取貴。

丑月 丙火는 二陽이 진기하여 雪霜을 업신여기고 기만하니 壬水를 용한다. 己土가 사령하여 土가 많으면 甲이 적어서는 불가하다. 壬甲이 모두 투하면 능히 과갑하고 甲이 암장되면 수재에 그친다. 甲木이 없고 하나의 壬水만 투하면 부중취기한다.

∴ 丑月은 己土가 영을 잡을 때니 丙火을 회광하고 壬水을 탁하게 하니 甲木이 있어야 귀격이다. 즉 상관패인이 최귀격이다.

如見一派己土, 不見甲乙, 名假傷官, 聰明性傲, 名利虛浮.

혹 한 무리의 己土를 보고 甲乙이 없으면 가상관격이 되어 총명하지만 오만하여 명리는 헛되고 실속이 없다.

或一派癸水, 得己出干, 必自主創基業。若制伏太過, 又取辛金作用, 得見癸透, 此人則不成名, 必淸雅文墨之士.

혹 한 무리의 癸水를 보고 己土가 출간하면 필시 자수성가 한다. 만약 制伏함이 지나치면 辛金을 취하고 癸水가 투하면 명성은 얻지 못해도 청아한 문필가로 묵사라 할 수 있다.

∴ 丑中에 癸辛己가 있는데 천간에 癸辛己 나란히 투하면 辛金이 己土를 洩하여 癸水를 도우므로 格局이 청순해진다.

■ 三春丁火

正月丁火，甲木當權，乃爲母旺，非庚不能劈甲，何以引丁，姑用庚金。

寅月 丁火는 甲이 당권하여 모왕 하니 庚金이 없으면 甲木을 쪼개어 丁火에 불을 당길 수 없으므로 우선 庚金을 용한다.

∴ 丁火는 반드시 甲木이 있어야 한다. 甲木이 없으면 의지할 곳이 없다.

혹일파갑목 무경제지 비빈즉요 혹지일갑목 다견
或一派甲木, 無庚制之, 非貧則夭。或只一甲木, 多見
을목자 필리 지객 언문처아 혹견갑을 생경자시
乙木者, 必離 之客, 焉問妻兒。或見甲乙, 生庚子時,
우주처조자조 차가채근
又主妻早子早, 且可採芹。

혹 한 무리의 甲木이 있는데 庚金이 제하지 못하면 가난하거나 요절한다. 다만 하나의 甲木이 있고 乙木이 많으면 필히 고향을 등지므로 처자는 물어볼 것도 없다. 혹 甲乙이 있고 庚子時 생이면 일찍 처자를 두고 채근은 가능하다.

∴ 寅月 丁火가 甲木이 태다하면 불이 꺼지는 형상이다. 乙木이 많으면 梟神의 흉의가 있어 처자식이 온전하기 어렵다. 庚子時 생이면 시주에 재관을 놓아 처자식과의 인연이 두터운 편이다.

득임화목 약극부생 합차필주대귀 단차화합 반이
得壬化木, 弱極復生, 合此必主大貴, 但此化合, 反以
불견경파격위묘
不見庚破格爲妙。

壬水가 있어 化木하면 약함이 克에 이르러 오히려 生하여 이 명은 필시 대귀한다. 단지 合化하여 庚金이 없어 파격이 되지 않아야 묘한 것이다.

∴ 化格에는 合化五行의 기를 거스르는 오행이 없어

야 성격된다.

或有庚金壬癸，得己出干制之，此命不由科甲，亦有異途。或一派壬癸，不得寅時，又無庚金，必主窮困。

혹 庚金과 壬癸가 있고 己土가 출간하여 제하면 이 명은 과갑은 불가해도 이도는 있다. 혹 한 무리의 壬癸가 있는데 寅時생이 아니거나 庚金이 없으면 필히 곤궁하다.

∴ 보통 陰干이 칠살을 보아 귀격을 이루기가 쉽지 않다. 寅月 丁火가 寅時생이면 時干에 壬水를 보아 화격의 성립을 예고한다. 또한 寅月에는 庚金이 있어 벽갑인정해야 한다.

或丁年、壬月、丁日、壬時，男主大貴，女則不宜，此格以土爲妻、金爲子，但子女艱難，女命合此，淫賤，刑夫剋子。

혹 丁年 壬月 丁日 壬時 生이면 남자는 대귀하고 여자는 마땅하지 않다. 이 명은 土가 처요 金이 자식인데 단 자녀는 간난하다. 여명이 이와 같으면 음천하고 형부극자 한다.

∴ 化木格이 되면 좋은 명이지만 이때 官인 水는 불

리하므로 남자는 자식 키우기가 쉽지 않고 여자는 夫宮에 애로사항이 나타나는데 이는 남편 壬水가 기반(羈絆)되기 때문이다. 음천한 것은 合多이기 때문이고, 지지에 東方木局을 이루지 않는 한 眞化가 아니므로 결함이 나타나는 것이다.

或支火局, 無滴水解炎, 僧道之命, 見甲出略可, 總不可無水, 水多亦不宜。

혹 지지에 火局을 이루고 滴水로 해염하지 못하면 승도의 명이고 甲木이 출간하면 대략 좋은데, 종합하면 水가 없으면 불가하고 水가 많아도 역시 마땅하지 않다.

∴ 丁火는 본성이 쇠갈하여 자체로는 염상을 이루지 못하고 甲木의 도움이 있어야 약간의 귀함이 있다. 乙木은 쇠갈하여 生扶생부가 어렵다.

二月丁火, 溼乙傷丁, 先庚後甲, 非庚不能去乙, 非甲不能引丁。庚甲兩透, 科甲定然, 庚透甲藏, 亦有生貢, 甲透庚藏, 異路功名。

卯月 丁火는 습한 乙이 丁火를 상하게 하므로 먼저 庚金을 후에 甲木을 사용하는데 庚이 아니면 乙을 제거하지 못하고 甲木이 아니면 引丁할 수 없기 때문이다.

庚甲이 모두 투하면 과갑이 자연스럽고 庚金이 투하고 甲이 암장되면 생원이나 공감을 되고, 甲木이 투하고 庚이 암장되면 이로공명 한다.

∴ 濕乙傷丁이란 乙은 홰목과 같아 불이 잘 붙지 않으므로 濕乙습을이라 하고 그것이 引丁을 방해하는 속성을 뜻하는 것이다. 庚金은 乙木의 除去보다 甲木의 劈甲作用이 우선이다.

或庚乙俱透，庚必輸情於乙，未免貪合，運行金水，一貧徹骨。或庚透乙藏，則不能貪合，乙反引丁，則用乙亦無害，運入木火之鄉，自然富貴，用乙者水妻木子。

(혹경을구투, 경필수정어을, 미면탐합, 운행금수, 일빈철골. 혹경투을장, 즉불능탐합, 을반인정, 즉용을역무해, 운입목화지향, 자연부귀, 용을자수처목자.)

庚乙이 모두 투하면 庚金은 필히 乙에게 정을 보내어 탐합을 면치 못하니 金水 運으로 가면 가난하여 철골(徹骨)된다. 혹 庚金이 투하고 乙이 암장하면 탐합이 불가하여 乙이 오히려 引丁하게 되니 乙木을 用해도 해가 없고 運이 木火로 가면 자연히 부귀해진다. 乙을 용하면 水가 처요 木이 자식이다.

徹骨 : 빼에 사무침

∴ 乙庚이 동시에 투하면 탐합망극(貪合忘剋)하여 용신 庚金이 무용지물이 되어 빈한을 면치 못한다.

乙木이 암장되면 東南 運에 乙木으로 引丁할 수 있어 부귀를 보는 것이다.

若盡是乙木, 不見一甲, 此人富貴不久, 因貪致禍. 弄巧反拙, 且不能承先人之業。

만약 乙木만 있고 甲木이 없으면 부귀가 오래가지 않고 탐심으로 인하여 화를 당하고 롱교(弄巧)하려다 오히려 졸렬해지고 또한 선인의 업을 계승하지 못한다.

弄巧 : 교묘하게 희롱 함.

∴ 丁火는 甲木이 있어야만 목화통명이 되어 庚金을 극제할 수 있다는 것이다.

或支成木局, 有庚透、主淸貴, 不見庚者、常人, 二月乙木司權, 必須有庚, 有乙無庚, 主貧苦無衣, 用庚者、土妻金子.

지지에 木局을 이루고 庚金이 투하면 청귀하고, 庚이 없으면 평상인이다. 卯月은 乙木이 사권하니 필히 庚이 있어야 하고, 乙이 있고 庚이 없으면 가난하고 고생하며 의지할 곳이 없다. 庚을 용하면 土가 처요 金이 자식이다.

∴ 乙木 편인이 당왕하므로 財로 印을 제해야만 한다. 다만 지지木局을 이루면 가염상격으로 金을 용납하지 않을 때가 있으니 가려 취해야 한다.

得印旺殺高，大富大貴。或一派水，無一戊制，主貧苦無依。或乙少癸多，有戊出制，反吉。用土者、火妻土子.

인왕살고하면 대부대귀하다. 혹 한 무리의 水가 있고 戊土가 제하지 못하면 가난하고 고생하며 의지할 곳이 없다. 혹 乙이 적고 癸가 많아 戊土가 출간하여 제하면 오히려 길하다. 土를 용하면 火가 처요 土가 자식이다.

∴ 印旺殺高는 甲木과 癸水가 투한 경우다. 水多하면 戊토로 제해야 귀를 이룬다.

三月丁火，戊土司令，洩弱丁氣，先用甲木引丁制土，次看庚金，庚甲兩透，定主科甲，或一藏一透，終非白丁.

辰月 丁火는 戊土가 사령하니 丁火의 氣가 설기되어 약하니 우선 甲木을 사용하여 引丁 制土하고 그후 庚金을 본다. 庚甲이 모두 투하면 과갑이 자연스럽고, 혹 하나가 투하고 하나는 암장되면 종내 백정은 되지 않는다.

∴ 辰月의 甲木에는 甲의 효용이 배가 된다. 引丁과 制土의 두가지 역할을 하기 때문이다.

或支成木局, 取庚爲先, 得庚透, 丁癸不透, 亦有異路功名.

혹 지지에 木局을 이루면 庚金을 우선 취하고 庚金이 투하고 丁癸가 투하지 않으면 역시 이로공명이 있다.

或支成水局, 加以壬透, 名殺重身輕, 必夭折天年。或遭凶死, 或戊己兩透, 廊廟之客, 若一甲破土, 定是常人. 用甲者, 水妻木子, 用金者, 土妻金子。

혹 지지에 水局을 이루고 또 壬水가 투하면 殺重身輕이 되어 필히 요절하거나 흉사를 당한다. 혹 戊己土가 모두 투하면 랑묘지객(廊廟之客)이 되고, 만일 하나의 甲木이 土를 파하면 평상인에 불과하다. 甲을 용하면 水가 처요 木이 자식이다. 金을 용하면 土가 처요 金이 자식이다.

廊廟之客 : 조정의 고위관리

∴ 辰月에는 火가 진기하고 水의 여기가 있어 종살

이 어렵다. 따라서 地支 水局을 보고 진종이 아니면 살중신경으로 요절할 수 있다.

■ 三夏丁火

四月丁火乘旺，雖取甲引丁，必用庚劈甲，伐甲、方云木火通明，甲多、又取庚爲先。但四柱忌見癸水，癸水一見，洩金、溼甲、傷丁，故以癸爲病。或癸水藏支，壬水出干制丙，不奪丁光，自是雁塔題名，玉堂淸貴。

巳月 丁火는 승왕하니 甲木을 취해 引丁을 해도 반드시 庚金을 용하여 벽갑해야 하며 甲木을 伐하면 목화통명이라 하고 甲이 많으면 庚金을 우선 취한다.

혹 사주에 癸水를 있으면 꺼리는데 하나의 癸水가 있어 金을 설(洩)하고 甲木을 습하게 하며 丁火를 傷하므로 癸水가 病이 된다. 혹 癸가 암장되고 壬水가 출간하여 丙을 제하면 丁火의 빛을 빼앗지 않고 스스로 안탑제명(雁塔題名)하고 玉堂에 청귀 함이 있다.

雁塔題名 : 급제하여 탑에 이름이 오름.

玉堂 : 화려한 전당 궁전을 비유. 즉 한림원의 고위관리.

∴ 巳月 丁火는 염열炎熱하여 스스로 旺해지나 그래도 甲木이 필요하다. 그것은 음유하므로 왕지에 임해도 기가 바르지 못하기 때문이다. 甲木을 쓸 때는 반드시 庚金이 필요하다.

或有庚無甲, 戊透天干, 此爲傷官生財, 又取戊爲用, 必主富貴, 戊土出干, 不見甲乙, 又不見水, 是傷官傷盡, 八字淸高, 但不大貴, 亦不大富, 見水多木多, 定是常人.

혹 庚金이 있고 甲이 없고 戊土가 천간에 투하면 상관생재가 되어 戊土를 用으로 취하면 필시 부귀하게 된다. 戊土가 출간하고 甲乙을 보지 못하고 또 水를 보지 못하면 상관상진이라 하여 팔자는 청고하나 대부대귀는 아니다. 水도 많고 木도 많으면 역시 평상인이다.

∴ 팔자에 戊土가 많으면 상관상진으로 출중한 수재이나 부귀는 재능에 미치지 못한다. 이는 상관의 설기가 지나쳐 丁火의 빛을 어둡게 하기 때문이다.

或四主多丙, 不見壬癸, 奪了丁光, 此人貧苦, 或丁年、巳月、丁巳日、丙午時，一丙不奪二丁，則不顯達，亦名播四鄰。故書曰，丁火陰柔一燭燈，太陽相見奪光明，柱中若見甲木透，定許身安福自臨。

혹 사주에 丙火가 많고 壬癸를 보지 않으면 奪了丁光되어 빈고한 사람이 된다. 혹 丁年 巳月 丁巳日 丙午時生이라면 하나의 丙이 丁火 두개의 기운을 빼앗지 못하니 현달하지는 못해도 사방에 명성은 난다. 古書에 말하길 丁火는 음유한 등불이니 태양을 만나면 광명을 빼앗기나 만일 사주에 甲이 투하면 복을 절로 누린다고 했다.

奪了丁光 : 정화의 빛을 빼앗고 약하게 함.

∴ 丁火가 丙火을 보고 壬癸가 없으면 병탈정광(丙奪丁光)에 신왕무의(身旺無依)로 빈고하여 의지처가 없다. 만일 水로 제하면 異道로 발전한다.

五月丁火，時歸建祿，不宜亂用甲木。

午月 丁火는 때가 건록으로 돌아오니 甲木을 분별없이 사용하는 것은 마땅하지 않다.

∴ 午月 丁火는 월령이 건록이라 염상격이 아닌 한 甲木을 용하는 경우가 드물다.

遇年透隔位之壬，不貪丁合者，忠而且厚，或支成火局，干見火出，得庚壬兩透者，科甲定然，土透制壬，常人。則壬藏支中，亦非白丁，但要運行西北，方可發達，得一癸透，名獨殺當權，出人頭地。

年柱에 떨어져 투한 壬水가 丁火와 합을 탐하지 않으면 충직하고 후덕하다. 혹 지지에 火局을 이루면서 천간에 火가 있는데 庚壬이 모두 투하면 과갑이 자연스럽고 土가 투하여 壬水를 제하면 평상인이다. 壬이 암장되면 백정은 되지 않고, 運이 西北으로 가면 현달할 수 있다. 하나의 癸水가 투하면 독살당권(獨殺當權)이라 하여 무리의 우두머리가 된다.

∴ 地支火局을 이루고 천간에 火가 투하면 염상을 두려워하는데 壬水가 홀로 투하면 滴水할 수 없어 庚金의 생조가 있어야 되고, 壬이 투하지 못하면 運에서 보좌해야 한다. 癸水는 庚金의 生을 논하지 않는다.

若見寅辰亥卯字，化木生火，平常人物，豐衣足食，中年富，但刑剋子息，勞而無功，或丙午月、丁未日、辛亥時，亥中有壬制丙，不致貧苦。若丙午時，則滴水難救炎火，必主僧道，若年支見子，雖不科甲，亦有衣衿。

만약 寅辰 亥卯未가 있어 木生火하면 평상인이지만 의식은 풍족하고 중년에 富는 있으나 자식을 형극하고 노력의 성과가 없다. 단 丙午月 丁未日 辛亥時 生이면 亥중 壬水가 丙火를 제하면 빈고함에는 이르지 않는다. 만약 丙午時 生이면 滴水가 염화를 구하기 어려우니 반드시 승도의 명이고 만약 年支에 子水를 보면 과갑은 이룰 수 없어도 의금은 있게 된다.

∴ 기세가 순수하면 의식은 풍족하고 身旺하여 극설이 없으면 官을 형극하게 된다. 한난조습의 처리는 干支의 구애됨이 없이 조절이 가능하다고 했다.

若干支無火局，有水透干，須用甲木，又要庚劈甲方明，木火通明，主大富貴，或木少火多，焚其木性，不能光透九霄，榮華不久。

만약 지지로 火局이 없고 水가 투간 하면 반드시 甲木을 사용하는데 庚金의 벽갑(劈甲)이 있어야 밝아지니 즉 木火通明으로 크게 부귀하다.

혹 木이 적고 火가 많으면 그 木性이 불타버려 빛이 구천에 미치지 못하니 영화가 오래가지 못한다.

∴ 午月에는 甲木을 쓰는 경우가 드물다. 다만 庚壬이 모두 투하면 甲木이 투하여 官을 財印으로 보좌하는 것으로 水火가 적절하여 대부대귀한 것이다.

혹생월시록 지개생왕합국 가이화출 무적수해염
或生月是祿, 支皆生旺合局, 加以火出, 無滴水解炎,
내신왕무의 고빈지격 녀필위니 즉운북지 반주흉
乃身旺無衣, 孤貧之格。女必爲尼。則運北地, 反主凶
위 용임자 금처수자 용갑자 수처목자
危。用壬者, 金妻水子。用甲者, 水妻木子。

혹 生月에 록이 있고 地支 모두가 생왕한 合局에 또 火가 투하면 적수로 해염하지 못하면 身旺無依하게 되어 고빈의 명이 되며 여자는 필히 승도가 된다. 運이 北으로 흘러도 오히려 흉하고 위험하다. 壬水를 용하면 金이 처요 水가 자식이다. 甲木을 용하면 水가 처요 木이 자식이다.

∴ 午月 丁火는 염상을 이루어도 가염으로 地支에 水氣의 해염이 없으면 결국 신왕무의(身旺無依)에 불과하다. 염염한 곳에 한 점의 물이 오면 오히려 불꽃을 더욱 치열하게 한다.

륙월정화 음유퇴기 단치삼복생한 정약극의 전취
六月丁火, 陰柔退氣, 但値三伏生寒, 丁弱極矣, 專取甲木，壬水次之。

未月 丁火는 음유하고 퇴기하는 때라 삼복생한(三伏生寒)하니 丁火는 약함이 극에 달하여 甲木을 먼저 취하고 壬水는 후에 취한다.

三伏生寒 : 삼복더위 중에 한기가 생한다.

∴ 未月은 火土가 염조하니 水로 윤택하게 하지 않으면 木이 메말라 분목이 되므로 반드시 水로 보좌해야 한다.

若得甲出天干，支成木局，見亥中之壬，爲木神有根，接引丁火，必然科甲，則不見木局，支見壬水，雖不大貴，亦有淩雲之氣，無庚不妙。

혹 천간에 甲木이 출하고 지지에 木局을 이루면서 亥중 壬水를 보면 木의 뿌리가 되어 丁火를 이끌어 사귀니 필히 과갑 한다. 만약 지지 木局이 없고 壬水가 있으면 비록 대귀는 못해도 능운지기(淩雲之氣)는 있고 庚金이 없으면 묘함이 없다.

淩雲之氣 : 세속의 명리를 초달하는 큰 포부

∴ 지지 亥未 木局은 甲木이 亥중 壬水의 자윤을 얻

어 丁火를 생조하기 위함이고 이때 庚金이 있어야 경발수원과 벽갑인정을 하게 된다.

或支成水局, 見水透干, 則溼木性, 不能引丁, 必爲平常人, 有甲透、有才幹。有庚透、無刑傷, 若無甲木, 假名假利。雖能生財, 固執懦夫.

혹 지지에 水局을 이루고 水가 투간하면 木星이 습하여 引丁하지 못하여 평상인에 불과하다. 甲木이 투하면 재능은 있다. 庚金이 투하면 刑傷을 겪지 않고 만약 甲木이 없으면 가명가리(假名假利)로 비록 생재는 능하나 고집스럽고 나약한 사람이다.

假名假利 : 명리가 허부, 즉 거짓이다.

或年月日時, 皆一派丁未之類, 此爲純陰, 終無大用。用甲者, 水妻木子。

혹 年月日時 모두가 丁未로 이루어지면 순음이 되어 종래는 크게 쓰이지 못한다. 甲木을 용하면 水가 처요 木이 자식이다.

∴ 純陰이란 천간과 장간이 모두 음의 글자로 이루

어진 명주로 丁酉는 해당되지 않는다. 運에서 中和되기가 불가한 것이다. 따라서 이것은 命이 편고하여 비록 천간일기가 되어도 귀를 취하기는 어렵다.

■ 三秋丁火

三秋丁火, 退氣柔弱, 耑用甲木, 金雖乘旺司權, 無傷丁之理, 仍取庚劈甲, 爲引火之物, 或借丙暖金晒木, 不慮丙奪丁光, 凡兩丙夾丁者, 夏月忌之, 餘月不忌, 但此格少年困苦刑剋中年富貴, 必要地支見水制丙、方妙。

가을 丁火는 퇴기로 유약하니 오직 甲木을 쓰고, 비록 金이 승왕하고 사권해도 丁火를 상하게 하지 않으며 庚金을 취하여 甲을 쪼개어 引火하는 수단으로 쓰고, 丙火로 하여금 金을 따뜻하게 하고 木을 말려야 하므로 병탈정화를 우려하지 않는다. 무릇 兩丙이 丁을 협(夾)하고 있으면 夏月은 꺼리나 기타의 月은 기피하지 않는다. 단 이 명주는 소년시절에 곤고하고 형극을 겪으나 중년에는 부귀가 있고, 지지에서 水를 보아 丙火를 제하면 묘함이 있다.

∴ 가을丁火는 氣가 쇠하여 甲木이 없으면 재관을 감당하기 어렵다. 庚은 丁을 상하게 하지는 않으나 기후가 점점 차가워지므로 丙의 조후가 필요하다. 丙은 丁火의 빛을 빼앗기 전에 재를 제하여 인수를 보호하므로 甲丙庚이 모두 투하면 상격을 이룬다.

三秋甲庚丙並用, 仍分優劣, 何也, 七月甲丙, 申中有庚, 八月甲丙庚皆用, 七八月或無甲木, 乙亦可用, 爲枯草引燈, 郤不離丙晒也, 九月耑用甲庚, 大抵甲不離庚, 乙不離丙, 其理極明。或見甲庚丙皆透, 必主科甲, 無甲用乙者, 富貴皆小, 且富而不貴者多。

가을에 甲庚丙을 병용하면 우열을 구분해야 하는데 무엇 때문인가? 申월에는 申중에 庚이 있어 甲丙를 쓰고 酉월에는 甲丙庚을 모두 쓰며 申酉월에 혹 甲이 없으면 乙木도 쓸 수 있으나 고초인등(枯草引燈)이라 해서 말려야 하므로 丙火와 더욱 떨어질 수 없다. 戌月에는 단지 甲庚을 써는데 대체로 甲은 庚金을 떠날 수 없고 乙은 丙火를 떠날 수 없는 그 이치는 극명하다. 혹 甲丙庚이 모두 투하면 필시 과갑을 하고 甲이 없고 乙木을 용하면 富貴모두가 작고 富는 있으나 貴가 없는 경우가 많다.

∴ 戌月은 戊土가 당왕하여 회광하므로 乙은 무력하니 반드시 甲木으로 제해야한다. 戌月에 乙은 용하지 못하므로 丙火도 별의미가 없다.

或一重壬水, 又多見癸水, 必以戊土爲制, 自然富貴光輝.

혹 하나의 壬水가 중한데 또 癸水가 많으면 필히 戊土로 제해야만 자연 부귀가 빛난다.

∴ 가을은 金이 旺하므로 壬癸의 官殺이 투하면 財旺하여 當殺한다. 이때 戊己로 제해야 귀격을 이룬다.

或一派庚金, 名財多身弱, 主富屋貧人, 妻多主事, 或壬多洩庚, 丁壬化殺, 反成富貴, 若庚多無壬, 奔流下賤.

혹 한 무리의 庚金을 있으면 財多身弱이라 하며 부옥빈인(富屋貧人)으로 처가 주로 일을 주관한다. 丁壬 化殺하면 오히려 부귀를 이루는데 만약 庚金이 많고 壬水가 없으면 떠돌아다니는 하천한 명이 된다.

∴ 투한 壬水가 庚金을 설하고 다시 비겁 丁火를 보면 殺을 化木하여 방신하니 흉변길이 되어 富格이 된다. 庚金이 많은데 壬水의 설함이 없고 比劫의 극제가 없으면 하천한 명이 된다.

或八月一派辛金, 不見庚金, 又無比劫, 此棄命從財, 富而且貴, 雖不科甲, 亦有異途, 從財者水爲妻, 不剋, 有正偏, 木爲子, 不刑。

혹 酉月에 한 무리의 辛金이 있고 庚金과 比劫이 없으면 기명종재가 되어 부한 가운데 귀가 있고, 비록 과갑은 아닐 지라도 이도로 공명은 있다. 종재는 水를 처로 삼는 데 극하지 않고, 正偏이 있어 木을 자식으로 삼는 데 刑하지 않는다.

∴ 酉月 丁火가 庚을 보지 않고 辛을 보면 순수한 종격으로 귀격을 이룬다, 종격은 친척이나 가족, 귀인의 도움으로 출세하므로 이도를 논한 것이다.

或九月一派戊土, 洩丁火之氣, 不見甲木, 爲傷官傷盡, 非尋常可比, 或甲木透出, 爲文書淸貴, 秋闈可奪,用甲者，庚不可少，水妻木子。

혹 戊月에 한 무리의 戊土가 있으면 丁火의 기를 설하는데 甲木이 없으면 상관상진이 되어 평범한 것에는 비교할 바가 아니다. 혹 甲木이 투하면 문서의 청귀를 상징하니 반드시 추위(秋闈)에 합격한다. 甲木을 용하는데 庚金이 적어서는 불가하고 水가 처요 木이 자식이다.

秋闈 : 가을에 실시하는 과거 시험

∴ 戊月에는 辛丁戊가 암장되어 체용이 동궁에 있어 특수한 격국으로 부귀가 비범하다.

■ 三冬丁火

三冬丁火微寒，耑用庚甲，甲乃庚之良友，凡用甲木，庚不可少，無庚無甲，何能引丁，難云木火通明，冬丁有甲，不怕水多金多，可稱上格，甲庚兩透，科甲分明，見己則否，己多合甲，則爲常人。

겨울 丁火는 미약하고 차가우니 오직 庚甲을 용한다.

甲과 庚은 좋은 친구고 대체로 甲木을 용하는 데 庚이 적어서는 불가하고 庚甲이 없으면 어찌 引丁할 수 있겠는가 木火通明이라고 말하기 어렵다. 겨울 丁火는 甲木이 있으면 金水가 많아도 두려워하지 않는데 능히 상격이다. 甲庚이 모두 투하면 과갑이 분명하고 己土를 보면 상격이 아니다. 己土가 많아 甲을 합하면 평상인이 된다.

혹일병탈정 필뢰지내수구 약유지금발수지원 관배
或一丙奪丁, 必賴支內水救, 若有支金發水之源, 官拜
오태유준 전무계수제병 무용지도 혹유금무수 빈한
烏台有准, 全無癸水制丙, 無用之徒, 或有金無水, 貧寒
지사 유수무금 우주청고
之士, 有水無金, 又主淸高。

혹 하나의 丙이 丁火의 빛을 빼앗으면 반드시 地支의 水로 구제 하여야 한다. 만약 지지에 水의 근원인 金이 있으면 관직이 오태(烏台)에 준한다. 癸水로 丙火를 제하지 못하면 쓸모없는 무리다. 혹 金이 있고 水가 없으면 가난한 선비이고, 水가 있고 金이 없으면 청고한 명이 된다.

烏台 : 사헌부의 고위관리

∴ 丙火의 제함이 없다는 것은 戊己土가 水를 제극하고 있음을 말한다. 水가 없으면 比劫의 탈재가 있고, 金이 없으면 水火가 서로 비춰 발하여 청고하다

한 것이다.

或時月二壬爭合, 取戊破之, 有戊稍有富貴, 無戊常人, 設戊藏得所, 不失衣衿。

혹 時와 月에 두개의 壬水가 쟁합 하면 戊土를 취하여 파해야 하는데 戊土가 있으면 조그마한 부귀는 있고 戊가 없으면 평상인이며 戊가 암장되어 得所하면 의금을 잃지 않는다.

∴ 丁火는 비록 퇴기지만 丙火의 도움이 있으면 생왕해져 상관으로 制殺이 가능하다. 다만 상격은 어렵고 적게나마 부귀를 갖춘다.

或二丙奪丁, 得年干有癸, 支下帶合, 金水得所, 亦必顯達, 納粟奏名, 必驗。

혹 두개의 丙火가 丁火의 빛을 빼앗으면 年干에 癸水가 있고 지지에 합이 되어 金水가 得所하면 필시 현달하여 납속주명하며 반드시 그것을 경험한다.

∴ "支下帶合 金水得所"는 丑월 丁화가 金局을 이룬 것으로 재자약살(財滋弱殺)을 의미한다.

或仲冬水多癸旺, 全無比印, 此作棄命從殺, 亦有異途功名，見丁比出干，難合格局，常人，且主骨肉浮雲，六親流水，戊出破癸，頗有兄弟妻兒，此格用戊，火妻土子，用甲、水妻木子。

혹 한겨울에 水가 많아 癸水가 旺하고 비겁 인수가 전무하여 기명종살이 되면 역시 이도로 공명하고, 丁火 비견이 출간하면 성격되기 어려워 평상인이고 골육이 뜬구름 같아서 육친이 흩어진다. 戊土가 출간하여 癸水를 파하면 형제처자는 꽤 있다. 戊土를 용하는 격이면 火가 처요 土가 자식이고, 甲木을 용하면 水가 처요 木이 자식이다.

∴ 亥子月에 종살격이 되면 귀격을 이룬다. 亥月에는 甲木이 있으나 습목이 되어 引火하지 못하므로 종격이 되나 子月의 순수함에는 미치지 못한다. 인비로 파격되면 골육에 손상이 있고 戊土를 용하려면 비겁의 상생이 있어야 한다.

或四柱多丙丁，又用癸制火. 用癸者金妻水子。

혹 사주에 丙丁이 많고 癸水를 용하여 火를 제하면 癸가 용신이 되어 金이 처요 水가 자식이다.

삼동정화 갑목위존 경금좌지 계무권의작용가야
三冬丁火, 甲木爲尊, 庚金佐之, 癸戊權宜酌用可也。

겨울 丁火는 甲木이 가장 귀하고 쓰고 庚金으로 보좌한다. 癸戊는 상황에 따라 참작해서 쓸 수 있다.

∴ 겨울 丁火는 庚甲으로 벽갑인정이 정법이다. 水旺하면 戊토를 쓰고 火旺하면 癸水를 쓰는데 戊癸는 病을 제거하는 藥이다.

■ 論土

五行之土，散在四維，故金木水火，衣而成象，是四時皆有用有忌者，火，死酉也，水，旺子也。蓋土賴火運，火死則土囚，土喜水財，水旺則土虛，土得金火，方成大器，土高無貴，空惹灰塵。土聚則滯，土散則輕。

오행의 土는 사유(四維)에 산재해 있으므로 金木火水는 이에 의지하여 象을 이루고, 四時에 따라 모두 쓰임이 있고 꺼림도 있다. 火는 酉에서 死하고 水는 子에서 旺하다. 대개 土는 火運에 의지하니 火가 死하면 土는 囚이다. 土는 水를 기뻐하나 水가 旺하면 土가 虛하다. 土는 金火를 얻어야 큰 그릇이 되고 土가 지나치면 貴가 없고 재와 먼지만 일으킨다. 土가 모이면 막히고 土가 흩어지면 가볍다.

四維 : 艮宮인 丑寅, 巽宮인 辰巳, 坤宮인 未申, 乾宮인

戌亥로 四宮에 얽매임을 뜻한다.

∴ 춘하추동은 土에 의지하여 象을 이루고 춘하추동의 氣에 따라 왕성하기도 쇠약해지기도 한다. 또한 土는 寅申巳亥에 통근하고 특히 寅巳에서는 유력한 통근으로 간주한다. 土가 辰戌丑未月에 태어나 두터움이 지나치면 甲木으로 소토해야한다. 土가 왕성하면 火를 회광하고 水를 오염시켜 먼지와 흙탕물로 만든다. 만일 土가 적은데 木이 극하면 흩어지니 근심이 되는 것이다.

辰戌丑未, 土之正也。分陰分陽, 主則不同, 辰有伏水, 未有匿木, 滋養萬物, 春夏爲功, 戌有藏火, 丑有隱金, 秋火冬金, 肅殺萬物, 土聚辰未爲貴, 聚丑戌不爲貴, 是土愛辰未、而不愛丑戌也明矣, 若更五行有氣, 人命逢之, 田産無比, 晩年富貴悠悠.

辰戌丑未는 土의 정방이고 음과 양으로 나누어지며 반드시 똑 같은 것은 아니다. 辰土는 水를 감추고 未土는 木을 숨기어 만물을 자양하니 春夏의 공이 있다. 戌土는 火를 품고 丑土는 金을 숨기어 가을 火와 겨울 金은 만물을 숙살한다. 따라서 土가 辰未면 귀하게 되고 丑戌이면 귀가 없다. 이것은 土가 辰未를 좋아하고 丑戌을 꺼리는 것이 분명하다. 만약 五行이 有氣한데 사람의 命에서 이를 본다면 전답과 재산이 견줄 바가 없고 만년부귀가 오래토록 갈 것이다.

∴ 명중에 속한 辰未土의 養生을 丑戌土가 지닌 收藏의 의미보다 우위에 두고 貴를 조율한다. 즉 오행이 유기한 상태에서 辰土나 未土가 더하게 되면 富貴格이 될 수 있다. 土가 丑이나 戌인 경우 火로 보온하고 水로 윤택하게 구성되었는지의 여부를 살펴 귀천(貴賤)의 차별을 논한다.

若土太實無水, 燥則不和, 無木則不疏通, 土見火則焦, 女命多不生長, 土旺四季, 惟戌土困弱, 戌多爲人好鬥, 多瞌睡, 辰未人好食, 丑人清省。丑爲艮土, 有癸水能潤而膏, 人命遇此, 主能卓立。

만약 土가 너무 실하고 水가 없으면 조열해서 조화되지 못하고 木이 없으면 소통이 안된다. 土가 火를 보면 메마른다. 女命에 火土가 많으면 생장할 수 없다. 土는 四季에서 왕한 데 오직 戌土만 약하고 곤고하다. 戌土가 많으면 싸움을 좋아하고 잠이 많다. 辰未土가 있는 사람은 음식을 좋아하고 丑이 있으면 탐욕이 없고 사리가 분명하다. 丑土는 艮土로 癸水가 있어 윤택하여 기름지게 하는데 사람의 命이 이러하면 능히 고위직에 오를 수 있다.

∴ 女命 화다토초는 발육이 부진하고 나아가 과부의 외로움을 암시한다. 土중에 가장 생기가 없는 土가 戌토라 할 수 있다. 秋月과 冬月사이에 갇혀 숙살할 때이고 암장된 丁火는 土를 메마르게 하니 생장의 의미를 퇴색 시킨다. 辰土는 水木을 모두 함유하여 번성의 기세가 강하여 근면의 속성을 함유한다. 未土는 암장된 乙木의 생명력이 쇠하지 않는다. 丑土는 凍土로 한기가 있지만 癸水의 윤택함이 있어 발전의 가능성이 있다. 丑土는 二陽이 진기하므로 결코 죽은 땅으로 볼 수 없다. 따라서 丙火로 조후하면 만물이 생장한다.

生於春月(생어춘월), 其勢虛浮(기세허부), 喜火生扶(희화생부), 惡木太科(악목태과), 忌水泛濫(기수범람), 喜土比助(희토비조), 得金而制木爲祥(득금이제목위상), 金太多仍盜土氣(금태다잉도토기)。

봄에 태어나면 그 기세가 부실하니 火의 생부를 좋아하고 木이 지나침을 싫어하고 水의 범람을 기피한다. 土비견의 조력을 기뻐하고 金을 얻어 木을 제하는 것은 좋다. 金이 지나치게 많으면 土氣를 훔치게 된다.

∴ 土가 비겁을 기뻐한다는 논리는 기본적으로 春土는 虛하므로 음양간을 막론하고 印綬와 比劫의 조력을 좋게 여긴다는 뜻이고 특히 己土는 인수의 조력보다 比劫의 조력을 더욱 기뻐하는 경우가 많다는 뜻이다.

夏月之土, 其勢燥烈, 得盛水滋潤成功, 忌旺火煆煉焦坼, 木助火炎, 水剋無碍, 金生水泛, 妻財有益, 見比肩蹇滯不通, 如太過又宜木剋。

여름 土는 기세가 조열하니 왕성한 水로 자윤하면 공을 이루고 火가 旺하면 뜨겁게 달구어져 땅이 메말라 갈라지니 꺼리고, 木이 화염을 도우나 水가 극하면 장애가 없다. 金이 水를 도우면 처복과 재복이 있고, 比肩을 있으면 막혀 소통하지 않으니 土가 태과하면 木으로 극하는 것이 마땅하다.

∴ 여름의 土는 건조하니 水의 자윤이 제일 중요하다. 土가 왕한 때이니 비겁은 도움이 안 되고 土旺하면 木으로 소토해야 한다.

秋月之土, 子旺母衰, 金多而耗盜其氣, 木盛須制伏純良, 火重重而不厭, 水泛泛而不祥, 得比肩則能助力, 至

상강불비무방
霜降不比無妨。

가을 土는 자왕모쇠(子旺母衰) 하니 金이 많으면 기운이 몹시 소모되고 木이 성하면 제복되어야 온전하고 어질다. 火가 거듭 있어도 걱정하지 않으나 水가 범람하면 상서롭지 못하다. 比肩을 얻으면 능히 도움이 되지만 상강(霜降)이 지나면 比肩이 없어도 무방하다.

동월지토 외한내온 수왕재풍 금다자수 화성유
冬月之土, 外寒內溫, 水旺才豐, 金多子秀, 火盛有
영 목 무구 재가비견부조위가 경희신주강강족수
榮, 木多無咎, 再加比肩扶助爲佳, 更喜身主康强足壽。

겨울 土는 겉은 추워도 안으로는 온기가 있어 水가 旺해도 재물이 풍족하고 金이 많으면 자식이 뛰어나고 火가 왕성하면 영화로움이 있고 木이 많아도 허물이 없다. 재차 比肩이 가세하여 부조하면 좋고 더욱 기쁜 것은 건강하고 장수한다.

∴ 凍土는 무엇보다 火로 따뜻함을 좋아한다. 따라서 丙火만 보면 부자로 살아간다. 그러나 火가 없는 水金木土는 다 부담이 된다.

■ 論四季之土

辰戌丑未，四土之神，惟未土爲極旺，何也，辰土帶木氣剋之，戌丑之土，帶金氣泄之，此三土雖旺而不旺，故土臨此三位，金多作稼穡格，不失中和。若未月土，則帶火氣也，帶火以生之，所以爲極旺也，若土臨此旺未月，見四柱土重，多作火炎土燥，不可作稼穡看，但臨此月之土，見金結局者，不貴則富也，書曰，土逢季月見金多，終爲貴論，而在未月尤甚。

辰戌丑未는 四土의 神으로 土가 가장 왕성할 때다. 오직 未土만이 아주 극왕한 데 辰土는 木氣를 지니고 있어 극함이 있고 戌丑土는 金氣를 지니고 있어 설하므로 辰戌丑 土는 비록 왕한 때이나 왕하지 않으며 따라서 土가 辰戌丑에 이르고 金이 많으면 가색격을 이루는 것은 중화를 잃지 않기 때문이다. 만약 未月 土가 火氣를 띠면 火가 생하여 土는 극왕하게 된다. 만약 土가 이렇게 왕한 未月에 사주가 土의 중함을 보면 대부분 화염토조로 나타나 가색격이 될 수 없다. 다만 未月의 土는 金局을 이루면 귀는 아니나 부격을 이룬다. 고서에 이르길 "四季의 土가 金이 많으면 종래는 貴하게 되는데 未月에 더욱 그렇다"라고 한 것이다.

∴ 辰土가 不旺한 것은 乙木의 剋보다 癸가 戊를 자합하는 까닭이다. 未土는 火土가 같이 성하여 木은 분화되므로 극왕에 이르는 것이다. 외격에서 격국의 귀천을 가리는 요소로 기후가 작용하는 것은 제한적이다.

■ 三春戊土總論

三春戊土, 無丙照暖, 戊土不生, 無甲疏劈, 戊土不靈, 無癸滋潤, 萬物不長, 正二月先丙後甲, 癸又次之, 三月先甲後丙, 癸又次之, 因戊土司權故也, 有甲、丙、癸, 三者齊透, 必主一品當朝, 或二透一藏, 亦登金榜, 二藏一透, 也可異途。

봄의 戊土는 丙火가 따뜻하게 비추지 않으면 戊土는

생산하지 못하고 甲木으로 소토하지 않으면 戊土는 신령스럽지 못하며 癸水로 자윤하지 않으면 만물이 성장하지 못한다. 寅卯月은 丙火을 먼저 甲은 뒤에 癸는 그다음에 쓴다. 辰月에는 甲木을 먼저 뒤에 丙을 쓰며 癸는 그다음에 쓰는데 이는 戊土가 사권하기 때문이다. 甲丙癸가 있어 三者가 모두 투하면 필히 벼슬이 일품에 이르고 二者가 투하고 一者가 암장되면 역시 등과하며 二者가 암장되고 一者가 투하면 이도로 공명한다.

∴ 戊土는 無丙不生, 無甲不靈, 無癸不長하므로 丙火 甲木 癸水가 구비되면 부귀가 완성된다.

정이월즉유갑계 약무병제한 여만물생이불장 고무
正二月則有甲癸, 若無丙除寒, 如萬物生而不長, 故無
병자 부귀간신 혹유병무갑계자 명왈춘한 여만물생
丙者, 富貴艱辛, 或有丙無甲癸者, 名曰春旱, 如萬物生
이다액 무갑계자 일생근고 로이무공 혹일파병화
而多厄, 無甲癸者, 一生勤苦, 勞而無功, 或一派丙火,
유갑 계 선태후부 혹지성화국 불견임계 승도고
有甲欠癸, 先泰後否, 或支成火局, 不見壬癸, 僧道孤
빈 계투자귀 임투자부 용수자요심수지다소
貧, 癸透者貴, 壬透者富。用水者,要審水之多少.

寅卯月에 甲癸가 있고 丙火가 한기를 제거하지 못하면 만물이 생하나 성장하지 못하므로 丙火가 없다면 부귀가 어렵고 힘들다. 혹 丙火가 있고 甲癸가 없으면 봄 가뭄이라 하며 만물이 생해도 액이 많으며 甲癸가 없으면 일생 부지런하나 고생하며 노력해도 공이 없다. 혹 한 무리의 丙甲은 있으나 癸水가 부족하면 처음은 편안하나 나중에는 그렇지 않다. 혹 地支에 火局을 이루고 壬癸를 보지 못하면 승도의 무리로 외롭고 가난하다. 癸水가 투하면 貴하고 壬水이 투하면 富하다. 水를 용하면 水가 많고 적음을 잘 살펴야 한다.

혹일파갑목 무병상인 득일경투방묘 혹지성수국 갑
或一派甲木, 無丙常人, 得一庚透方妙, 或之成水局, 甲
우출간 우유경투 부귀쌍전
又出干, 又有庚透, 富貴雙全。

혹 한 무리의 甲木이 있고 丙火가 없으면 평상인이나 하나의 庚金이 투하면 묘함이 있다. 혹 地支에 水局을 이루는데 甲木이 출하고 또 庚이 투하면 부귀를 겸한다.

∴ 地支 水局은 辰月의 경우이며 甲木이 투한 상태에서 庚金이 투하면 살용식제로 성격되어 부귀가 있는 것이다.

혹무경금 우무비인 난작종살 정주조흉 불연 필
或無庚金, 又無比印, 難作從殺, 定主遭凶, 不然, 必
위도적 약일하좌오 불득선종
爲盜賊, 若日下坐午, 不得善終。

혹 庚金과 印星 比肩이 없으면 종살을 짓기 어려우므

로 반드시 흉을 만나고 그렇지 않으면 필시 도적이 된다. 만약 日支에 午가 있으면 끝에는 좋을 수가 없다.

∴ 寅月 戊土는 양간이 월령을 득하여서 종살할 수 없다. 日支 午火 양인이면 살격봉인으로 성격되나 寅月이라 寅午火 羊刃局을 이루어 좋게 종하기 어렵다.

或一派乙木, 爲官殺會黨, 則有庚透, 卻難制乙, 此人內奸外直, 口是心非, 加一甲在內, 無庚, 必懶惰自甘, 好食無厭, 或丙多甲多, 宜以癸庚參用。

혹 한 무리의 乙木이 있고 관살이 모여 무리를 이루면 庚金이 투해도 乙木을 제하기 어려우니 이 사람은 속은 간사하고 겉으로는 강직하며 말과 마음이 다르다. 더구나 甲木이 하나 있고 庚金이 없으면 필시 게으르며 먹기를 좋아하고 염치가 없다. 혹 丙甲이 많으면 癸庚은 참작해서 쓰는 것이 마땅하다.

∴ 卯月 戊土는 乙木이 사권하니 일파 乙木을 보아 庚금이 있으면 서로 相合하려하니 제살 능력을 상실한다.

三月戊土司令, 不見丙甲癸者, 愚而且賤, 甲癸透者,科甲, 丙癸透者、生員, 甲癸俱藏者, 只可云富, 有癸異途.

辰月은 戊土가 사령하니 丙甲癸를 보지 못하면 어리석고 천하다. 甲癸가 투하면 과갑하고 丙癸가 투하면 생원은 될 수 있으며, 甲癸가 같이 암장되면 다만 富만 있고, 癸만 있으면 이도로 발전한다.

∴ 辰月에는 자연 癸水가 암장되어 있는 데 癸水의 유무를 논하는 것은 戊土는 동하지 않아도 장간의 癸水를 合去하는 작용력이 강하다. 따라서 辰月 癸水는 무력하기 쉬워 癸水의 효용성을 논한 것이다.

若丙多無癸, 旱田無水, 不能種苗, 舊穀已沒, 新穀未登, 此先富後貧之造, 或火多有壬透者, 先貧後富, 癸透先賤後榮, 壬藏不過食足, 癸藏不過名傳, 則此亦須運美, 或支成火局, 得癸透者, 富貴天然, 壬透富貴辛苦, 何也, 癸乃天上甘霖, 壬乃江河波浪, 所以有勞逸之殊。

만약 丙이 많고 癸水가 없으면 가뭄 밭에 물이 없으니 파종할 수 없으며 묵은 곡식은 소진되고 햇곡식은 올라

오지 못한 형상이니 이것은 처음은 부유하나 나중에는 가난한 명조가 된다. 혹 火가 많고 壬水가 투하면 처음은 가난하나 나중에는 부유하고, 癸水가 투하면 처음은 하천하나 나중에는 영화롭다. 壬이 암장되면 의식만 족하고 癸가 암장되면 이름만 전해질 뿐 이 역시 運이 아름다워야 한다. 혹 地支에 火局을 이루고 癸水가 투하면 부귀가 자연스러우나 壬水이 투하면 부귀에 신고함이 따른다. 癸水는 하늘의 감로수와 같고 壬水은 강하의 물결과 같으니 안일함과 노고의 차이가 있는 것이다.

∴ 先貧後富 발복의 선후는 희신의 위치를 살펴 판단해야 한다. 壬癸水가 암장되면 運에서 인출해야 부귀를 이룬다. 癸水는 비나 이슬과 같은 自然水여서 쉽게 부귀를 얻고 壬水는 관계수(灌漑水)와 같아 인위적인 노력을 요하므로 어렵게 부귀를 이루는 것이다.

支成木局，又甲乙出干，此名官殺會黨，官殺無去留之義，得一庚透，掃除官殺，亦主富貴，無庚乃淺薄之人，宜用火洩木氣，有一命、丁未、癸卯、戊寅、乙卯，癸丁透干，加以戊癸化火，將甲木暗，反得武科探花。

지지에 木局을 이루고 또 甲乙이 출간하면 官殺會黨이

라 하고 이는 관살을 去留하지 않는다는 의도니 庚金이 하나 투하여 官殺을 소제하면 역시 부귀해진다. 庚金이 없으면 천박한 사람이 되니 火를 용하여 木氣를 설기하여야 한다. 하나의 예로 丁未年 癸卯月 戊寅日 乙卯時생이면 癸水와 丁火가 투간하고 戊癸合化하니 장차 甲木이 보이지 않게 불타니 오히려 무과에서 급제를 한다.

∴ 戊土에 甲木이 있으면 貴가 나타남은 辰戌丑未月 모두 같다. 乙木은 官이지만 소토할 힘이 없어 혼잡해질 뿐이므로 庚金으로 官殺을 거류하면 귀격을 이루고 없으면 천박해진다. 상기명조는 살격용인격에 재가 첩하여 파할 수 있으나 戊癸合으로 파하지 않고 水運에 관봉재인으로 급제하였을 것이다.

或木多無比印透，作從殺而論，亦富貴。或有比印，耑看癸透，取癸而成貴格，無癸、無火、無金，名爲土木自戰，主腹生疾病，憂愁艱苦。用甲者，水妻、木子，用丙者，木妻、火子.

혹 木이 많고 比肩과 印이 투하지 않으면 종살격이 되어 역시 부귀하다. 혹 印比가 있으면 오직 癸水가 투출되었는가를 보고 癸가 있으면 귀격을 이룬다. 癸水와 火

金이 없으면, "土와 木이 서로 싸운다" 라고 하며 주로 복부에 질병이 있고 근심걱정이 많고 고생한다. 甲木을 용하면 水가 처요 木이 자식이고 丙火를 용하면 木이 처요 火가 자식이다.

■ 三夏戊土

四月戊土，陽氣發升，寒氣內藏，外實內虛，不畏火炎，無陽氣相催，萬物不長，故先用甲疏劈，次取丙癸爲佐.

巳月 戊土는 양기가 발하여 오르고, 한기는 내장되어 외실내허 하니 火炎을 두려워하지 않는다. 양기가 서로 베풀지 않으면 만물이 성장하지 못하므로 甲木을 우선 사용하여 소토하고 그 다음 丙癸로 보좌한다.

丙透甲出，廊廟之才，丙癸俱透，科甲之士，則透一位，支藏得所，終非白丁。若一派丙火，爲火炎土燥，僧道之流，得一癸透壬藏，功名有准，或支藏癸，　衣食充足，但骨肉多刑。

丙甲이 투하면 낭묘지재(廊廟之才)가 되고 丙癸가 함께 투하면 과갑에 이르는 선비가 되고 하나만 투하고 하나는 암장되면 종내에는 백정이 되지 않는다. 혹 한 무리의 丙火가 있어 화염토조(火炎土燥)가 되면 승도의 무리고, 하나의 癸水가 투하고 壬이 암장되면 공명은 있다. 혹 地支에 癸가 암장되면 의식은 충족되나 단 골육 간에 刑을 많이 겪는다.

廊廟之才: 나라의 중요한 큰 인물.

∴ 地支의 癸水가 丙火를 조절하면 형극을 면할 수 있다고 본다.

化合成局無破，富貴非輕。或支成金局，干出癸水，此爲奇格，正是土潤金生，則不爲桃浪之客，定有異路恩榮此用癸水，金妻水子。

化合하여 局을 이루고 파하지 않으면 부귀가 가볍지 않다. 혹 지지에 金局을 이루고 癸水가 출간하면 기격이 된다. 土가 자윤하여 金을 생하니 도랑지객(挑浪之客)은 되지 않아도 이로로 은영이 있다.

癸水를 用하면 金이 처요 水가 자식이다.

挑浪之客 : 봄에 시행하는 과거에 급제한 사람.

五月戊土, 仲夏火炎, 先看壬水, 次取甲木, 丙火酌用, 用癸力微。

午월 戊土는 仲夏로 화염하니 먼저 壬水를 용하고 그 후 甲木을 취한다. 丙火는 참작해서 쓰는데 癸水를 용하기에는 힘이 미약하다.

∴ 癸水는 壬水에 비해 해염 하는 힘이 약하므로 午月에는 壬水로 적수해야 한다. 戊土가 왕하여 甲木을 써야 하는데 壬水가 없으면 甲木은 분목(焚木) 되어 무용하게 된다.

壬甲兩透, 名君臣慶會, 自然桃浪先聲, 權高位顯, 又得辛透年干, 官居一品, 一命、辛未、甲午、戊寅、壬子, 壬甲兩透, 印旺殺高, 出將入相, 名播四夷。

壬甲이 모두 투하면 군신경회(君臣慶會)라 자연 급제하여 먼저 명성이 나고 권세 높은 고위직에 이른다. 또 年干에 辛金이 투하면 벼슬이 일품에 이른다. 예로 辛未

年 甲午月 戊寅日 壬子時 생은 壬甲이 모두 투하여 印이 왕하고 殺이 높아 출장입상(出將入相)하여 이름이 사방에 떨친다.

出將入相 : 문무를 겸비한 재상.

∴ 예시된 명주에 會局하고 得時하여 인수가 旺하고 재성인 壬水가 있어 甲木이 분목(焚木)되지 않고 작용을 제대로 할 수 있어 현달할 수 있었다.

若支成火局, 則透癸水, 不能大濟, 是一杯水難濟薪火也, 人命合此, 則好學不倦, 亦能成名, 且主目疾, 若得壬水出干, 則非此比。又或土木重重, 全無滴水, 僧道孤貧之輩. 用壬者、金妻水子。

혹 地支에 火局을 이루고 癸水가 투하면 크게 구제되지 않으니 이것은 한 잔의 물로 장작불을 끄는 것과 같이 어렵다. 사람의 명조가 이와 같으면 배우기를 좋아하고 게으르지는 않으나 명성을 이루지 못하고 반드시 안질이 있다. 만약 壬水가 출간하면 이런 격과 비교할 수 없다. 또 혹시 土木이 중중하면서 적당한 水가 없으면 고독하고 가난한 승도의 무리가 된다.

육월무토 우하건고 선간계수 차용병화갑목 계병
六月戊土, 遇夏乾枯, 先看癸水, 次用丙火甲木。癸丙
량투 과갑중인 혹유계무병 견갑가허수재 무갑략
兩透, 科甲中人, 或有癸無丙, 見甲可許秀才, 無甲略
부 혹유병무계 가도사문 의식파족 혹계투신출 이
富, 或有丙無癸, 假道斯文, 衣食頗足, 或癸透辛出, 以
도필지재 가모이로 무계병자 상인 약우무갑 하천
刀筆之才, 可謀異路。無癸丙者, 常人, 若又無甲, 下賤
지배
之輩.

未月 戊土는 건조한 여름이니 먼저 癸水를 취하고 그 다음 丙甲을 취한다. 癸丙이 모두 투하면 과갑 한다. 혹 癸水가 있고 丙이 없으면 甲木을 보아 가히 수재는 될 수 있다. 甲木이 없으면 대략 富는 있다. 혹 丙火는 있고 癸가 없으면 유림의 도는 거짓이나 의식은 족하다. 혹 癸水가 투하고 辛金이 출하면 刀筆之才로 이로공명을 모색할 수 있다. 癸丙이 없으면 평상인이고 만일 甲木이 없으면 비천한 무리다.

∴ 午未月은 모두 화염토조(火炎土燥)한데 午月은 화염(火炎)함이 病 이므로 壬水를 쓰고 未月은 土燥한 것이 病이므로 癸水를 쓴다. 未月 戊土는 癸丙甲의 구비여부로 富貴가 결정된다.

혹토다득일갑출 불견경신 위인작사헌앙 성정근
或土多得一甲出, 不見庚辛, 爲人作事軒昂, 性情謹

愼, 則不顯揚, 亦文章驚世。用癸者, 金妻、水子, 用丙者, 木妻、火子, 用甲者, 水妻、木子。

혹 土가 많은데 하나의 甲木이 출간하고 庚辛이 없으면 사람이 일을 함에 의기당당하고 성정은 근면 신중하다. 즉 이름은 떨치지 않으나 문장은 세인을 놀라게 한다. 癸를 용하면 金이 처요 水가 자식이다. 丙火를 용하면 木이 처요 火가 자식이다. 甲木을 용하면 水가 처요 木이 자식이다.

■ 三秋戊土

七月戊土, 陽氣漸入, 寒氣漸出, 先丙後癸, 甲木次之。丙癸甲透者, 富貴極品。癸藏丙透, 不僅秀才, 丙甲兩透, 癸水會局藏辰, 亦不失富貴, 無丙得癸甲透, 此人清雅, 家富千金, 無癸甲者、常人, 有丙火、妻顯子肖, 若丙甲癸三者俱無, 下流之命。

申月 戊土는 점차 양기는 들어가고 한기가 나오니 丙

火을 먼저 癸水를 나중에 쓰고 甲木은 그 다음이다. 丙癸甲이 투하면 부귀가 극품에 이르고 癸가 암장되고 丙火가 투하면 보통의 수재는 아니다. 丙甲이 모두 투하고 癸水가 會局된 辰에 암장되면 역시 부귀는 있다. 丙火가 없고 癸甲이 투하면 청아한 사람으로 집안에 천금의 富를 누린다. 癸甲이 없으면 평상인이고 丙火가 있으면 처가 현명하고 자식도 닮는다. 만약 丙甲癸 삼자가 모두 없으면 하류의 명이다.

∴ 丙甲癸는 모두 투할 수 없고 丙甲壬이 투하고 地支에 子水를 보면 동일하다.

或支成水局, 休作棄命從財, 宜取甲洩之, 甲透者、稍有富貴, 用神妻子仝前。

지지에 水局을 이루어도 기명종재를 말하지 않고 甲木을 취하여 洩하는게 마땅하다. 甲木이 투하면 약간의 부귀가 있다. 용신과 처자를 보는 법은 앞의 설명과 같다.

∴ 土는 申에 寄生하니 申중에 土가 있고 辰은 土의 本氣이니 쉽게 종격이 되지 않는다.

八月戊土, 金洩身寒, 賴丙照暖, 喜水滋潤, 先丙後癸, 不必木疏。丙癸兩透, 科甲中人, 丙透癸藏, 可許入泮, 癸透丙藏, 納資得官, 若丙藏又無癸, 卽多不透, 此皆常人, 癸丙全無, 奔流之客。

酉月 戊土는 金이 土을 설기하고 차가우니 丙火의 조난(照暖)에 의지하며 水의 자윤을 기뻐하니 丙火을 먼저 쓰고 다음 癸水를 취하며 木의 소토는 필요하지 않다. 丙癸가 모두 투하면 과갑하고, 丙火이 투하고 癸가 암장되면 입반(入泮)할 수 있고 癸水가 투하고 丙이 암장되면 재물을 바쳐 벼슬을 얻을 수 있다. 만약 丙이 암장되고 癸水가 없거나 癸水가 많은 데 투하지 않으면 모두 다 평상인이다. 癸丙이 전무하면 분류지객이다.

入泮 : 성균관의 유생이 되는 것.

∴ 酉月 戊土는 甲木을 용하지 않는다. 金이 我身을 洩하기 때문이다.

或四株皆辛, 無丙丁, 此名傷官格爲人淸秀, 則不能拾芥, 亦可武庠, 一見癸水, 富而且貴。或支成水局, 壬癸出干, 此名才多身弱, 愚懦無能, 若天干有比劫分散才神, 頗言衣食。用神妻子同前, 秋土生金極弱, 須丙火丁火出干方妙.

혹 사주가 모두 辛金인데 丙丁火가 없으면 상관격으로 사람됨이 청수하므로 습개(拾芥)는 불능하니 역시 武科는 할 수 있다. 癸水가 있으면 富하고 또한 貴하다. 혹 地支에 水局을 이루고 壬癸가 출간하면 재다신약이라 어리석고 나약하고 무능하다. 만약 天干에 비겁이 있어 財神을 분산 시키면 괘 의식은 있다. 용신과 처자 보는 법은 전항과 동일하다. 가을 土는 金을 생하여 극히 弱하므로 丙丁火가 출간하면 반드시 묘해진다.

拾芥 : 티끌을 줍다. 부귀를 쉽게 얻음을 비유함.

∴ 土金상관의 兩干不雜格이 되어 인물됨이 청수하여 사사로운 일에 연연하지 않고 무직으로 입신한다.

九月戊土當權, 不可專用丙, 先看甲木, 次取癸水, 郤忌化合, 見金先用癸水, 後取丙火, 配合支干, 方成有生之土, 定發雲程。

戌月은 戊土가 당권하여 丙火를 전용하는 것은 불가하고 먼저 甲木을 용하고 그 다음 癸水를 取하며 合化는 꺼린다. 金을 보아 癸水를 먼저 용하면 다음으로 丙火를 취하여 간지가 배합되면 土의 생기가 살아나 운정(雲程)을 발한다.

雲程: 청운의 뜻을 품은 양양한 앞길

或無丙有癸, 不見甲透者, 衣衿小富, 無癸丙、有甲者, 衣食而已, 若癸甲全無, 雖有丙火, 亦屬平常, 或爲僧道。或支成水局, 壬癸透干, 用戊止流, 有比透反主富。支成火局, 名土燥 不發。得金水兩透, 此人淸高, 略可富貴, 無水、一生困苦。妻子仝前。

혹 丙이 없고 癸水가 있고 甲이 투하지 않으면 富는 작으나 의금은 있다. 癸丙이 없고 甲木이 있으면 의식만 족하다. 만약 癸甲이 전무하고 丙火만 있으면 평상인에 속하고 혹은 승도가 된다. 혹 地支 水局을 이루고 壬癸가 투하면 戊土를 용하여 水의 흐름을 막아야 하므로 比肩이 투하면 오히려 富가 있다. 地支에 火局을 이루면 土가 조열하여 발하지 못한다. 金水가 모두 투하면 인물이 청고하니 대략 富貴하다. 水가 없으면 일생 곤고하다. 처자 관련은 전항과 같다.

■ 三冬戊土

十月戊土, 時値小陽, 陽氣略出, 先用甲木, 次取丙火, 非甲、土不靈, 非丙、土不暖, 安能發生萬物。甲丙兩出, 富貴中人。或甲得長生, 遇支藏得地之水, 一丙高透, 亦主身貴揚名, 支見庚金, 入泮而已。

亥月 戊土는 때가 小陽으로 양기가 약간 일어나니 甲木을 먼저 쓰고 丙火를 차후에 쓴다. 甲木이 없으면 土가 불령하고 丙火가 없으면 따뜻하지 않아 만물을 어찌 생발하겠는가? 甲丙이 모두 투하면 부귀한 사람이다. 혹 甲木이 장생을 얻었는데 地支에 水가 암장되고 丙火가 투하면 귀한 사람으로 이름을 널리 떨친다. 地支에 庚金을 보면 입반(入泮)에 그친다.

若不見庚金, 甲木藏支, 丙火高透, 科甲有之, 若有庚, 丁出制, 必異路功名, 或爲典吏。卽庚丁不透, 甲丙藏支, 亦云富貴。壬透得戊救丙, 主富中取貴, 丙甲俱無, 泌爲僧道.

만약 庚이 없고 甲이 지지에 암장되고 丙火가 투하면 과갑할 수 있고 만약 庚金이 있고 丁火가 출하여 제하면 필히 이로공명하거나 전리(典吏)가 된다. 庚丁이 투하지 않고 甲丙이 지지에 암장되면 역시 부귀하다 할 수 있다. 壬水가 투했는데 戊土로 丙火를 구제하면 부중취기하고 丙甲이 모두 없으면 필시 승도가 된다.

∴ 丙甲으로 격국을 이루는데 庚金의 존재가 나타나면 반드시 丁火로 제하여야 공명을 이룬다. 甲丙이 암장되면 運이 東南 運으로 흘러야 된다.

十一二月嚴寒冰凍, 丙火爲專, 甲木爲佐, 丙甲兩透, 桃浪之人, 丙出甲藏, 採芹食餼, 丙藏甲出, 佐雜前程, 有丙無甲者, 豪富, 有甲無丙者, 淸貧, 丙甲全無, 下流之造.

子丑月은 매우 춥고 얼음이 얼므로 丙火를 전용하고 甲木으로 보좌한다. 丙甲이 모두 투하면 挑浪之人이고 丙火가 출하고 甲이 암장되면 採根으로 살아간다. 丙이 암장되고 甲木이 출하면 앞길에 관리는 하고 丙火가 있고 甲이 없으면 부호이고 甲木은 있으나 丙이 없으면 청빈한 사람이며 丙甲이 모두 없으면 하류의 명조가 된다.

∴ 丙火가 있으면 富를 얻고 甲木이 있으면 貴를 얻는다. 甲木은 없어도 되나 丙火가 없으면 식재관 모두 쓸모가 없다.

或一派丙火，加以丙透，運值火土，弱中復强，又一壬透干，主淸高榮祿，乏壬、僧道孤寒。或一派水土寒滯，不見一丙，得一癸透月時，亦不失儒雅風流。

혹 한 무리의 丙火가 있는데 또 丙이 투하고 運이 火土에 있으면 弱變强이 되는데 이때 하나의 壬水가 투하면 명조가 청고하고 영록하다. 壬水가 결핍되면 僧徒로 고한하다. 혹 한 무리의 水土가 춥고 막힐 경우 丙火를 보지 못하고 月時에 癸水 하나가 투하면 역시 우아한 풍류를 지닌 선비는 된다.

或一派壬水，不見比劫，可作從財而論，卽有比劫，得甲出干，又主富貴，若寒土無丙，雖有甲木，亦是內虛外實之人.

혹 일파 壬水가 있고 比肩이 없으면 從財라 할 수 있다. 比劫이 있고 甲木이 출간하면 부귀하게 되는데 만약 한토(寒土)에 丙火가 없으면 비록 甲木이 있어도 역시 내허외실(內虛外實)한 사람이다.

或二癸透月時，名爲爭合，終屬勞碌之人，得一己出干制癸，反爲忠義之士，舍己從人而論。年月透辛金者，又屬土金傷官，異路功名可許，以金爲妻、水爲子。

혹 두 개의 癸水가 月時에 투하면 쟁합이 되어 종래는 勞碌之人에 속한다. 하나의 己土가 출간하여 癸를 제하면 오히려 충의지사가 되니 자신를 버리고 의로운 일을 쫓는 사람이다. 年月에 辛金이 투하면 토금상관이 되니 이로공명하고 이때는 金이 처요 水가 자식이다.

勞碌之人 : 게을리 하지 않고 꾸준히 힘을 다함. 즉 고생이 많음.

■ 三春己土

正月己土，田園猶凍，蓋因臘氣未除，餘寒未退，故丙爲尊，得丙照暖，萬物自生，忌見壬水，反爲己病，何也，壬乃江湖之水，湖水一發，則田園洗蕩，變爲沙土，而根苗盡沒矣。須戊作堤，以保園圃，壬多要見戊制，有戊出干者，定主玉堂金馬，若乏制戊，必屬平常。

寅月 己土는 전원이 아직 얼어 있어 한기가 제거되지 않고 있으니 丙火를 중히 여긴다. 丙火가 있어 비춰 따뜻하면 만물이 자생하고 壬水가 있으면 오히려 己土의 病이 되므로 꺼린다. 壬水는 江湖의 水로 湖水가 한번 발하면 전원을 세탕(洗蕩)하여 沙土로 변하고 근묘(根苗)가 모두 수몰되기 때문이다. 반드시 戊土가 제방이 되어서 전답을 보호해야 한다. 壬이 많으면 戊土의 제함을 요하고 戊土가 출간하면 정히 금마옥당(金馬玉堂)에 오른다. 만약 戊土의 제함이 부족하면 필히 평상인에 속한다.

金馬玉堂 : 홍문관 또는 한림원을 말함

或一派甲木，有庚出干，加以癸丙齊透，配得中和，亦名利雙全。卽丙生寅月，庚透天干，亦有俊秀。若甲多無庚，殘疾廢人，宜用丁洩。

혹 한 무리의 甲木이 있는데 庚金이 출간하고 또 癸丙이 같이 투하면 중화로 배합되어 역시 명리가 온전하다. 만일 寅月에 丙火가 생하는데 庚金이 천간에 투하면 역시 준수하다. 만약 甲木이 많고 庚金이 없으면 질병으로 폐인이 되니 丁火로 설기함이 마땅하다.

或一派火，則不見水無碍，何也，正月己土寒溼，必丙燥暖，反主厚祿，加一癸透，科甲自然，戊透、反作常人. 或一派戊土，有甲出制，又主榮顯，如見乙出，雖多不能疏土，且乙多奸詐小人。用丙者，木妻、火子。

혹 한 무리의 火가 水가 없어도 장애가 없는 것은 어찌된 것인가? 寅月 己土는 한습 하여 필히 丙火로 조난(燥暖)해 지면 오히려 복록이 후하고, 또 癸水가 하나 더 투하면 科甲이 자연스럽고 戊土가 투하면 평상인이다. 혹 한 무리의 戊가 있는데 甲木이 출하여 제하면 반드시 영화롭고 현달한다. 乙木이 출하면 비록 많아도 소토(疏土)가 불능하고 또 乙木이 많아도 간사한 소인에 지나지 않는다. 丙火를 용하면 木이 처요 火가 자식이다.

∴ 乙木은 소토 불가하여 많아도 戊土를 제할 수 없다. 乙木 七殺이 투하면 간사한 속성을 지닌다. 이는 己土와 乙木이 모두 쇠갈한 본성을 지녀 음유함이 지나치기 때문이다.

二月己土，陽氣漸升，雖禾稼未成，萬物出土，田園未展，先取甲木疏之，忌合，次取癸水潤之。甲癸出干，定主科甲，加以一丙出透，勢壓百僚，一見壬水，微末官職.

卯月 己土는 양기가 점점 상승하니 비록 화가(禾稼)를 이루지 못해도 만물이 土에서 나오고 전원은 전개되지 않았으니 甲木을 우선 취하여 소토하고 합은 꺼리며 그 다음 癸水로 윤택하게 한다. 甲癸가 출간하면 반드시 과갑하고 더욱이 하나의 丙火가 투출하면 권세가 백관을 누른다. 하나의 壬水가 있으면 말단관직에 불과하다.

∴ 壬水는 甲木을 생하지만 무정하고, 己土와 최기(最忌)의 관계로 부귀가 크게 감소한다.

或見庚制甲, 壬水出干, 比劫重重, 此必俗子, 丙透猶有小富, 丙藏衣祿無虧。

혹 庚金이 있어 甲木을 제하거나 壬水가 출간하고 比劫이 중중하면 이는 필히 평상인이 된다. 丙火가 투하면 소부는 있고 암장되면 의록은 줄지 않는다.

或支成木局, 庚透富貴, 若主多乙木, 乙又屈庚, 庚必輸情於乙, 不能掃邪於正, 此必狡詐之徒, 運入東南, 恐有不測。當用丁洩之, 有丁者、小人而已, 不致無良。無比印、從殺者貴。若柱中無甲丙癸者, 皆下格, 妻子用神仝前.

혹 地支에 木局을 이루고 庚金이 투하면 부귀하나 만약 乙木이 많으면 乙이 또 庚金을 얽어매서 庚은 필히 乙에게 정을 주니 掃邪於正할 수 없어 이런 경우 필히 교활하고 간사한 무리고, 運이 東南으로 들면 예측할 수 없는 禍가 있다. 당연히 丁火를 용하여 설기함이 좋으니 丁火가 있으면 小人이지만 양호함은 조금 있다. 比劫과 印綬가 없으면 종살하여 귀하게 된다. 만약 사주에 甲丙

癸가 없으면 모두 하격이다. 처자와 용신은 전항과 같다.

掃邪於正 : 옳지 않음을 제거하여 바르게 함.

三月己土, 正栽培禾稼之時, 先丙後癸, 土暖而潤, 隨用甲疏, 三者俱透天干, 必官居黃閣, 或三者透一, 科甲定然, 但要得地。郤以庚金爲病。

辰月 己土는 禾稼를 재배하는 때이니 먼저 丙火를 쓰고 후에 癸水를 써서 土가 따뜻하고 윤택해지면 甲木을 용하여 소토해야 하니 三者가 모두 천간에 투하면 관직이 黃閣에 있다. 혹 三者중 하나만 투해도 과갑은 당연하나 단 득지해야 한다. 이때 庚金이 病이 된다.

禾稼 : 논밭의 곡식
黃閣 : 의정부

或有丙甲無癸, 亦可致富, 但不貴顯, 或有癸而無甲丙, 亦有衣衿, 或有丙癸無甲, 亦係才人。丙癸全無, 流俗之輩。或一片乙木, 無金制伏, 貧而且夭也妻子仝前。

혹 丙甲이 있고 癸水가 없으면 가히 致富하나 貴는 나타나지 않는다. 혹 癸水가 있고 丙甲이 없으면 의금은 있고 丙癸가 있고 甲木이 없으면 재주 있는 사람이다. 丙癸가 전무하면 떠돌이 속인에 불과하다. 혹 한조각의 乙木을 金이 제복하지 않으면 가난하거나 요절한다. 처자를 보는 법은 전항과 같다.

■ 三夏己土

三夏己土, 雜氣在官, 禾稼在田, 最喜甘沛, 取癸爲要, 次用丙火, 夏無太陽, 禾稼不長, 故無癸曰旱田, 無丙曰孤陰.

여름 己土는 雜氣財官에 해당하며 화가가 밭에 있는 때이니 단비를 가장 기뻐하여 우선 癸水를 필요로 하고 그다음 丙火를 쓴다. 여름에 태양이 없으면 禾稼가 성장하지 못하므로 癸水가 없으면 한전(旱田)이라 하고 丙火가 없는 것을 고음(孤陰)이라 한다.

∴ 잡기재관이라 함은 土旺하여 곡식이 밭에 놓인 것과 같은 형상으로 명주에서 일지에 卯木 하나로 인해 가색격(稼穡格)을 이루지 못하고 잡기재관격(雜氣財官格)이 되는 것과 같다.

혹병계량투 우가신금생계 차부귀지격 명수화기
或丙癸兩透, 又加辛金生癸, 此富貴之格, 名水火旣
제 정갑지인 극기무계화합 혹유병무계 유임역가
濟, 鼎甲之人, 郤忌戊癸化合。或有丙無癸, 有壬亦可,
단불대발
但不大發.

혹 丙癸가 모두 투하고 또 辛金이 癸水를 생하면 이는 부귀격이 되고 수화기재라 하여 정갑지인(鼎甲之人)이 되며 이때 戊癸 化合을 꺼린다. 혹 丙火가 있고 癸가 없으면 壬水도 가능하나 대발하지는 않는다.

鼎甲之人 : 과거 최우등 급제자를 말함.

혹일파병화렬토 가이정화제신 계수무근 여칠팔월
或一派丙火烈土, 加以丁火制辛, 癸水無根, 如七八月
지간한 즉묘고의 차명고고령정 혹유갑목 우견병화
之間旱, 則苗槁矣, 此命孤苦零丁, 或有甲木, 又見丙火
중중 무적수해염 역고빈도로
重重, 無滴水解炎, 亦孤貧到老。

혹 한 무리의 丙火가 土를 뜨겁게 하고 또 丁火가 辛金을 제하면 癸水가 무근하여 辛酉月에 가뭄이 든 것과 같이 싹이 마르니 이러한 명조는 외롭고 고통스럽고 보잘 것 없는 사람이다. 혹 甲木이 있고 丙火가 중중한데 滴水로 해염하지 못하면 역시 늙도록 외롭고 가난하다.

如有壬水，又見庚辛，此又不作孤看，但恐目疾，心腎肝臟之災，若壬水有根，辛金得地，又非此而論，或壬癸丙出，破火潤土，此人聰穎特達，富中取貴，又轉禍爲福也。用癸者、金妻，水子。用丙者，木妻，火子。

만약 壬水가 있고 庚辛金이 있으면 고독하게 보지 않고 단 안질의 두려움이 있고 심장 신장 간장에 질병이 있다. 만약 壬水가 유근하고 辛金이 득지하면 괜찮다. 혹 壬癸가 함께 출하여 丙火를 파하고 土를 윤택하게하면 사람은 총명하고 현달하여 부중취기 하니 전화위복이 된다. 癸水를 용하면 金이 처요 水가 자식이다. 丙火를 용하면 木이 처요 火가 자식이다.

∴ 여름의 水는 死絶地에 있어 死水에 불과하므로 당왕한 火氣를 극하기 어렵다. 그러나 윤토(潤土)하는 힘이 있어 만물의 발생을 도우므로 전화위복(轉禍爲福)이라 한 것이다.

■ 三秋己土

三秋己土, 萬物收藏之際, 外虛內實, 寒氣漸升, 須丙火溫之, 癸水潤之, 不特此也, 且癸能洩金, 丙能制金, 補土精神, 則秋生之物咸茂矣。癸先丙後。

가을 己土는 만물을 수렴하고 저장하는 시기로 외허내실하고 한기가 점점 상승한다. 반드시 丙火의 온기가 필요하고 癸水로 윤택하게 해주어야 한다. 이 뿐만 아니라 癸水는 金을 설하고 丙火는 金을 제하므로 土의 精神을 보하면 가을의 생물이라도 모두 무성하다. 癸水를 먼저 쓰고 丙火를 뒤에 쓴다.

丙癸兩透, 雁塔題名, 或無癸, 有兩丙透者, 異途顯達, 或武職權高, 或有丙火, 不見壬癸, 爲假道斯文, 終無誠實, 或有壬癸無丙者, 衣食充足, 才能而已。

丙癸가 모두 투하면 안탑에 이름을 올리고 혹 癸水가 없고 兩丙火가 있어 투하면 이도로 현달하거나 혹은 무직으로 권위가 높다. 혹 丙火가 있고 壬癸가 없으면 假

道斯文으로 종내는 성실하지 못하다. 丙이 없고 壬癸가 있으면 의식은 충족하고 재능이 있을 따름이다.

假道斯文 : 거짓된 儒林의 道.

或支成金局，癸透有根，此人家畜萬緡，富中取貴。或支四庫，甲透者富，乏甲者孤貧，或甲出無癸乏金，積德可全科甲，或會火局，無水救，乃大奸大惡之徒。或丙透癸藏，遇金頗有選援，加一壬輔，富貴慷慨，有賢聲，見戊透者，主遭凶厄且貧。

지지에 金局을 이루고 癸水가 투하여 유근하면 이 사람은 가축이 만민에 이르니 부중취기 한다. 혹 地支에 四庫를 두고 甲木이 투하면 부(富)하고 甲이 없으면 고빈하다. 혹 甲木이 출하고 癸가 없고 金이 결핍되면 적덕을 쌓아야 과갑할 수 있다. 혹 지지에 火局을 이루고 水가 구제하지 못하면 크게 간악한 무리가 된다. 혹 丙火가 투하고 癸水가 암장되면 金을 만나야 고위직에 오르고 더욱이 하나의 壬水로 보하면 富貴하고 강개심이 있어 현명하다 듣는다. 戊土가 투하면 흉액이 있고 또한 빈곤하다.

팔 월 지 성 금 국　무 병 정 출 구　차 인 령 정 고 고　여 득 병 투
八月支成金局，無丙丁出救，此人零丁孤苦，如得丙透
정 장　생 기 원 신　차 인 명 괴 천 하　오 복 완 인
丁藏，生己元神，此人名魁天下，五福完人。

酉月에 지지 金局을 이루는데 丙丁火가 출하여 구제하지 않으면 이런 사람은 의지할 곳이 없어 외롭다. 만일 丙火가 투하고 丁火가 암장되면 己土를 생하는 원신이 되니 이 사람은 천하에 이름을 떨치고 五福이 완전하다.

총 지 삼 추 기 토　선 계 후 병　취 신 보 계　구 월 토 성　의 갑
總之三秋己土，先癸後丙，取辛輔癸，九月土盛，宜甲
목 소 지　여 개 작 용
木疏之，餘皆酌用。

총론하면 가을 己土는 癸水를 먼저 쓰고 丙火를 뒤에 쓰며 辛金으로 癸를 보좌한다. 戌月은 土가 왕성하니 甲木으로 소토함이 마땅하고 나머지는 참작해서 쓴다.

구 진 전 비 윤 하　로 록 분 파 지 객　토 응 수 갈　리 향 배 정 지
勾陣全備潤下，勞碌奔波之客，土凝水竭，離鄕背井之
류
流.

勾陣(土일주)이 윤하(地支水局)를 갖추면 고생이 많고 분파지객이 되고, 土가 왕한데 水가 고갈되면 고향을 등지는 사람이 된다.

∴ 水旺하여 土가 허하거나 土旺하여 水가 메마르거나 나타나는 현상은 비슷하다.

구진득위회재관 무충무파필연단 갑자북방인묘목
勾陣得位會財官, 無沖無破必然端, 甲子北方寅卯木,
관교환공대금관 무기희해묘미위관 신자진위재 기형
管教環拱戴金冠。戊己喜亥卯未爲官, 申子辰爲財, 忌刑
충살해
沖殺害.

구진득위에 재관이 있고 충파가 없으면 필히 단정하고 甲子를 얻어 北方과 寅卯木을 향하면 금관을 머리에 쓸 정도로 벼슬이 높아진다. 戊己土는 亥卯未를 관으로 삼는 것을 기뻐하고 申子辰으로 재를 삼으며 형충살해를 꺼린다.

∴ 戊己土가 辰戌丑未에 임하면 구진득위한 것이고 丙丁을 구비하고 신강해야 성격이 된다.

■ 三冬己土 (삼동기토)

삼동기토 습니한동 비병난불생 취병위존 갑목참
三冬己土, 溼泥寒凍, 非丙暖不生, 取丙爲尊, 甲木參
작 무토계수불용 유초동임왕 취무제지 여개용병
酌, 戊土癸水不用, 惟初冬壬旺, 取戊制之。餘皆用丙

정 단정불능해동제한 불능대제
丁, 但丁不能解凍除寒, 不能大濟。

겨울 己土는 습토로 차갑고 얼어있어 丙火의 온난함이 없으면 생할 수 없어 丙火를 귀중하게 쓰고 甲木은 참작해서 쓴다. 戊癸는 쓰지 않는다. 오직 초겨울에는 壬水가 왕하니 戊土를 취하여 제한다. 나머지는 모두 丙丁을 써는데 단 丁火는 해동하거나 한기를 제거할 수 없으므로 크게 구제할 수 는 없다.

∴ 戊土를 용신으로 삼는 것은 壬水가 당왕한 亥月에만 해당된다.

혹간투일병 지장일병 여이갑투 과갑유준 즉장병
或干透一丙, 支藏一丙, 如以甲透, 科甲有准, 則藏丙
무제 역주의금 혹다임수 득무투제지 차명안연부중
無制, 亦主衣衿。或多壬水, 得戊透制之, 此命安然富中
취귀 불견무토 부옥빈인 범삼동기토 견임수출간
取貴, 不見戊土, 富屋貧人, 凡三冬己土, 見壬水出干,
위수침호전 차인고고 약견화불고 견토불빈
爲水浸湖田, 此人孤苦, 若見火不孤, 見土不貧。

혹 丙火 하나가 투했는데 또 장간에 丙이 하나 있고 甲木이 투하면 과갑에 준하고, 만일 丙이 암장되고 제하지 않으면 의록은 있다. 혹 壬水가 많은데 戊土가 투하여 제하면 평안하고 富한 가운데 貴를 누린다. 戊土를 보지 못하면 부옥빈인 이다. 무릇 겨울 己土는 壬水가 투간 하면 水가 침범하여 田畓이 침수되니 고독하고 외롭다. 만약 火를 보면 고독하지 않고 土를 보면 가난하지 않다.

∴ 丙火가 암장되었는데 제함은 없는 것은 地支에 寅巳가 있으면서 沖되지 않음을 말한다.

或一派癸, 不見比劫, 此爲從才, 反主富貴, 雖不科甲, 恩誥有之, 若見比爭, 平常人物, 妻子主事。從財者, 木妻、火子。或一派戊己, 取甲制之, 甲透者富貴。或一片辛庚, 須用丙火, 還須丁火爲助, 丙藏、富貴奇特之命.

혹 한 무리의 癸水가 있고 比劫을 보지 못하면 종재가 되어 오히려 부귀하고 비록 과갑은 아니라도 은고(恩誥)함은 있다. 만약 比劫이 爭財하면 평상인이고 처자가 매사를 주관한다. 종재는 木이 처요 火가 자식이다. 혹 한 무리의 戊己土가 있으면 甲木으로 제하고 甲木이 투하면 富貴하다. 혹 한조각의 庚辛이 있으면 반드시 丙火를 써야하고 다시 丁火로 조력해야 한다. 丙火가 암장되면 부귀가 기특한 명이다.

恩誥 : 교지를 받는 은영

∴ 秋冬의 己土에 金이 많은 土金상관이 인수가 있으면 부귀격을 이룬다. 특히 丑月에는 체용(體用)이 동궁(同宮)에 있어 奇格을 이루는데 丙丁火가 없으면 불가하다.

■ 論金

金以至陰爲體, 中含至陽之精, 乃能堅剛, 獨異衆物, 若獨陰而不堅, 冰雪是也, 遇火則消矣, 故金無火鍊, 不能成器, 金重火輕, 執事繁難, 金輕火重, 煆煉消亡, 金極火盛, 爲格最精, 金火全、名曰鑄印, 犯丑字、則爲損模, 金火多名爲乘軒, 遇死衰、反爲不利,

金은 지극히 음적인 것을 體로 삼으나 그 가운데 陽의 精을 내포하여 튼튼하고 강해 일반 물질과는 다르다. 만약 陰으로만 되어 있으면 견고하지 않아 火를 만나면 얼음과 눈처럼 소멸될 것이다. 고로 火의 제련이 없는 金은 그릇을 이루지 못하고, 金이 중하고 火가 경하면 하는 일에 번거롭고 어렵다. 金이 경하고 火가 중하면 煆煉하다 소멸된다. 金이 극왕하고 火가 왕성하면 최고의 격국이 된다. 金火가 온전하면 주인(鑄印)이라 하고

丑字가 氾하면 손모(損模)한다. 金火가 많으면 승헌(乘軒)이라 하나 死衰地를 만나면 오히려 불리해진다.

煆煉 : 쇠를 달구어 단련함.
鑄印 : 쇠로 만든 도장
乘軒 : 大夫가 됨

∴ 주인과 승헌은 권세를 뜻한다. 金火로 귀격 성립 시 丑土를 보면 金이 입묘되어 힘의 균형을 상실되는 것을 손모(損模)라 한다. 즉 金이나 火가 死絶地에 이르면 힘의 불균형으로 金火 鑄印의 권세를 상실한다.

목화련금 성명예이퇴속 순금우수 봉부현이영여
木火煉金, 成名銳而退速。純金遇水, 逢富顯以贏餘,

木火가 金을 단련하면 예리함이 있어 물러남이 빠르다. 순수한 金(辛)이 水를 만나면 부유하여 풍요롭다.

금능생수 수왕즉금침 토능생금 금다즉토천 금무
金能生水, 水旺則金沉, 土能生金, 金多則土賤, 金無
수건고 수중 즉침륜무용 금무토사절 토중 즉매몰
水乾枯, 水重、則沉淪無用, 金無土死絶, 土重、則埋沒
불현 량금량화 최상 량금량목 족 일금생삼수 력
不顯, 兩金兩火、最上, 兩金兩木、財足,一金生三水, 力
약난승 일금득삼목 완둔자손 금성즉화멸 고금미성
弱難勝, 一金得三木, 頑鈍自損, 金成則火滅, 故金未成
기 욕득견화 금이성기 불욕견화 금도신유사축 역
器, 欲得見火, 金已成器, 不欲見火, 金到申酉巳丑, 亦

可謂之成也，運喜西北，不利南方。

金은 水를 生할 수 있으나 水旺하면 金이 가라앉는다. 土는 金을 생하나 金多하면 土는 얇아진다. 金은 水가 없으면 乾枯하고 水가 중하면 가라앉으니 쓸모없다. 金이 없으면 土가 死絶되고 土가 중하면 埋沒되어 드러나지 않는다. 兩金兩火면 최상이고 兩金兩木이면 재물이 족하다. 하나의 金이 세 개의 水를 생하면 힘이 약해 승리가 어렵고, 하나의 金이 세 개의 木을 득하면 둔해지고 스스로 손상을 입는다. 金이 성하면 火가 멸하므로 金이 기물을 만들지 못하고 火를 얻기 바라지만 이미 기물을 이루었다면 火를 꺼린다. 火를 보지 않으려도 金이 申酉巳丑에 이르면 역시 기물을 이룰 수 있어 西北運은 길하고 南方運은 불리하다.

生於春月，餘寒未盡，貴乎火氣爲榮，性柔體弱，欲得厚土爲助，水盛增寒，難施鋒銳之勢，木旺損力，有挫鈍之爲，金來比助，扶持最妙，比而無火，失類非良。

봄에 生하면 한기가 남아 사라지지 않으니 貴는 火氣로 영화롭게 되고, 體性은 유약하니 두터운 土로 조력해야한다. 水가 성하면 한기를 더하므로 칼날의 예리한 기세를 떨치기 어렵다. 木이 旺해 힘이 손상되면 이지러질 수 있으니 比劫인 金이 도우면 장점을 유지할 수 있지만 비겁만 있고 火가 없으면 좋지 못하다.

夏月之金(하월지금), 尤爲柔弱(우위유약), 形質未備(형질미비), 尤嫌死絶(우혐사절), 火多而卻爲不厭(화다이각위불염), 水盛而滋潤呈祥(수성이자윤정상), 見木而助鬼傷身(견목이조귀상신), 遇金而扶持精壯(우금이부지정장), 土薄而最爲有用(토박이최위유용), 土厚而埋沒無光(토후이매몰무광)。

여름의 金은 더욱 유약하고 形質을 갖추지 못하여 死絶됨을 더욱 싫어한다. 火가 많음을 오히려 싫어하지 않고 水盛하여 자윤 하면 상서로움이 드러난다. 木을 보면 귀(鬼)를 도와 몸이 상한다. 金을 만나면 도움을 받아 지탱하므로 맑고 건장해진다. 土가 얇으면 최고로 유용하나 두터우면 매몰되어 빛을 잃는다.

∴ 여름 金은 유약해도 火를 두려워하지 않는다는 것은 巳午未月에 모두 土가 암장되어 있기 때문이다. 암장된 土가 金을 생하기는 어렵지만 火역시 土로 인해 金을 녹이기 어렵다. 이때는 水가 필요하다.

秋月之金(추월지금), 當權得令(당권득령), 火來煆煉(화래하련), 遂成鍾鼎之材(수성종정지재), 土多(토다)

배양, 반야완탁지기, 견수즉정신월수, 봉목즉탁삭시
培養, 反惹頑濁之氣, 見水則精神越秀, 逢木則琢削施
위, 금조유강, 강과즉결, 기중유왕, 왕극즉쇠
威, 金助愈剛, 剛過則決, 氣重愈旺, 旺極則衰。

가을의 金은 당권 득령 하는 때이니 火가 와서 하련하면 마침내 종정(鐘鼎)의 재목이 될 수 있다. 土가 많아 배양하면 오히려 완고하고 탁한 기운을 일으킨다. 水를 보면 정신이 뛰어나고 木을 만나면 깎고 다듬어 金의 위엄이 나고 金의 도움이 있으면 더욱 강해지고 강함이 지나치면 끊어진다. 氣가 重하면 더욱 旺해지지만 旺이 극에 달하면 쇠해진다.

동월지금, 형한성랭, 목다즉난시탁삭지공, 수성이미
冬月之金, 刑寒性冷, 木多則難施琢削之功, 水盛而未
면침잠지환, 토능제수, 금체불한, 화래조토, 자모성
免沉潛之患, 土能制水, 金體不寒, 火來助土, 子母成
공, 희비견취기상부, 욕관인온양위리
功, 喜比肩聚氣相扶, 欲官印溫養爲利。

겨울의 金은 형상은 차갑고 체성은 冷하니 木이 많으면 탁삭 하기 어렵고 水가 왕성하면 물에 가라앉아 우환을 면하기 어렵다. 土가 水를 제하니 金의 체가 차갑지 않으며 火가와서 土를 도우면 子母가 공을 이룬다. 비견이 氣를 모아 상부하면 기뻐하고 官星과 印星으로 따뜻하게 배양해 주는 것이 좋다.

∴ 겨울의 金은 火를 보아 상관가살이 되어야 上格이 된다. 이를 두고 金水傷官喜見官이라 한다.

■ 三春庚金

正月庚金, 木旺之際, 有土皆死, 不能生金, 且金之寒氣未除, 先用丙暖庚性, 又慮土厚埋金, 須甲疏洩, 丙甲兩透, 科甲顯榮, 二者透一, 亦有生監, 丙藏甲透, 異路功名.

寅月 庚金은 木이 旺한 때라 土가 있으면 다 死하니 金을 生할 수 없다. 또 金의 한기가 제거되지 않아 우선 丙火로 庚金의 체성을 따뜻하게 하고 또 土가 두터워 매금될 우려가 있으므로 반드시 甲木으로 소토하여 설기해야 한다. 丙甲이 모두 투하면 과갑하여 영화롭고 二者중 하나만 투하면 生員이나 貢監은 한다. 丙이 암장되고 甲木이 투하면 이로로 공명한다.

生員 貢監 : 명나라시대의 관리로 시도의 자치단체장 정

도의 직위로 재무계통의 고위 관리

∴ 火土가 寅月에 同宮하므로 조토가 金을 생하기 어려운 것이고 오히려 土가 두터우면 매금(埋金)될 수 있다. 따라서 春金이 약하면 比劫을 기뻐하지만 인성 戊土의 生은 꺼린다.

혹주중토다 갑투자귀 갑장자부 경출즉부
或柱中土多, 甲透者貴, 甲藏者富, 庚出則否。

혹 四柱에 土가 많아 甲木이 투하면 貴하고 甲이 암장되면 富하고 庚金은 이때 있으면 안 된다.

혹정화출간 가이무기이무수자 우주부귀 하야 인
或丁火出干, 加以戊己而無水者, 又主富貴, 何也. 寅

중갑목 인정유근 무수위병 명관성유기 재왕생부
中甲木, 引丁有根. 無水爲病. 名官星有氣, 財旺生扶,

고이부귀추지 여화다즉용토 용토자화처토자
故以富貴推之, 如火多則用土, 用土者火妻土子。

혹 丁火가 出干하고 또 戊己土가 있으면서 水가 없으면 富貴하다 어찌 그러한가? 寅중 甲木이 引丁하여 유근하니 水가 없으면 病이 되지만 官星有氣하고 財旺 生扶하므로 富貴한 것으로 추산한다. 만일 火가 많으면 土를 用하고, 土를 用하면 火가 처요 土가 자식이다.

∴ 寅月 庚金은 丁火로 官을 쓸 때 인수나 재로 보좌하여야 하고 식상을 보면 흉하다. 인성으로 보좌

할 때 己土는 유용한데 戊는 己에 미치지 못한다.

或支成火局, 壬透、有根者, 大富貴, 無根者、小富貴, 乏水者、殘疾之人。

지지에 火局을 이루고 壬水가 투하고 유근하면 크게 부귀하고, 무근하면 부귀가 작고 水가 없으면 질병이 많은 사람이다.

或木被金傷, 無丙丁出制, 支無丁火. 此係平人, 或丙遭癸困, 無戊制者亦然。

혹 木이 金에게 상해를 당하는데 丙丁의 제합이 없고 지지에 암장된 丁火도 없으면 평상인이다. 혹 丙火가 癸水를 만나 戊土의 제합이 없으면 역시 그러하다.

總之正月庚金, 丙甲爲上, 丁火次之, 春金多火, 不夭則貧, 陽金最喜火煉, 煆煉太過, 反主奔流。

총론하면 寅月 庚金은 丙甲으로 상격을 이루고 丁火는 그다음이다. 春金에 火가 많으면 요절하지 않으면 가난하다.

二月庚金, 柱中自然有乙, 當令之乙, 見庚必留情於乙, 此金有暗強之勢, 如秋金一理, 故二月庚金, 專用丁火, 借甲引丁, 借庚劈甲, 無丁用丙者, 富貴多出於勉強.

卯月 庚金은 사주에 자연 乙木이 있으니 乙이 당령하여 庚金을 보면 필히 乙에게 정을 준다. 이런 경우 金은 암암리에 강한 세력을 품어 秋金과 같은 이치로 본다. 고로 卯月 庚金은 丁火를 전용하고 차후에 甲木으로 인정(引丁)하고 庚金으로 벽갑(劈甲)한다. 丁이가 없고 丙火을 쓰면 노력이 많아야 부귀하다.

∴ 乙庚 상합의 작용으로 추금과 같은 용법을 적용하나 합력이 약하여 반드시 지지에 록 申이 있을 때 庚金이 약변강이 되어 丁火를 용하는 것이다.

或丁在干, 甲透引丁, 支下再見一庚制甲, 配得中和, 必然大貴, 如不見庚合者, 雖丁甲兩透, 亦屬平人,

丁火가 천간에 있고 甲木이 투하여 引丁하는데 지지에서 하나의 庚金이 甲木을 제하면 배합이 중화되어 반드시 大貴하고 만일 庚金의 配合이 되지 못하면 비록 丁

甲이 모두 투간 해도 평상인에 속한다.

∴ 財官을 用하려면 日元이 身强해야 한다.

春丁不旺不衰, 故用甲爲佐丁之物, 甲若無庚劈, 則不能引丁, 乙木雖多, 又忌溼乙傷丁, 難爲丁母, 故有丁甲無庚者, 常人, 有丁庚、甲不出干者、常人, 或丁透無庚甲者, 可許貢監, 無丁有丙者, 異路功名。

春月의 丁火는 旺하지도 衰하지도 않으니 甲木을 써서 丁火를 보좌하면 기물이 되나 만약 甲木은 庚金의 劈甲이 없으면 引丁할 수 없다. 乙木이 비록 많아도 丁火는 乙木이 습하여 丁火를 상하게 하여 꺼리므로 丁火의 母가 되기 어렵다. 고로 丁甲이 있고 庚金이 없으면 평상인이다. 丁庚이 있고 甲木이 출간하지 않아도 평상인이다. 혹 丁火가 투하고 庚甲이 없으면 貢監은 될 수 있고 丁火가 없고 丙火가 있으면 이로로 功名한다.

或一片甲乙, 忌庚出干破財, 乃從財格, 反主富貴, 若見一比, 又主孤貧。 從財者, 火妻土子, 用丁者, 取甲爲妻、若有庚制，難許同偕。

혹 한조각의 甲乙이 있는데 庚金이 출간하여 파재함을 꺼리고 종재격이 되면 오히려 부귀하다. 만약 比肩이 하나 있으면 고빈해 진다. 종재격은 火가 처요 土가 자식이고 丁火를 용하면 甲을 취하여 처로 삼고 만약 庚金으로 제하면 부부가 해로하기 어렵다.

死金嫌蓋頂之泥，重見戊土，如人壓伏之象，須甲透爲妙.

봄의 死金은 정수리를 덮는 니토(泥土)를 싫어하고 戊土가 많이 있으면 사람이 눌려 복종당하는 형상과 같아 오로지 甲木이 투해야 묘하다.

∴ 己土 하나 정도나 地支에 辰丑의 습토는 吉하다.

三月庚金，戊土司令，無生金之理，有埋金之憂，故先甲後丁，不用庚劈甲，三月之庚，土旺金頑，頑金宜丁，旺土須甲，乏甲不能立業，乏丁焉能成名，二者少一，富貴不真，庚金無火，非夭則貧，身弱財多，富貴不久。

辰月 庚金은 戊土가 사령하니 金을 생하는 이치가 없고 매금의 우려가 있으므로 먼저 甲木을 쓰고 차후에 丁火를 쓰며 庚金이 甲木을 쪼개는 것은 용하지 않는다.

辰月 庚金은 土가 왕하여 金이 무디고, 무딘 金은 丁火가 마땅하고 土가 왕하면 甲木이 필수이고 甲이 부족하면 立業할 수 없고 丁火가 부족하면 어찌 이름을 떨치겠는가? 甲木 丁火중 하나라도 부족하면 부귀가 참되지 않다. 庚金에 火가 없으면 요절 아니면 가난하다. 신약한데 재가 많으면 부귀가 오래 가지 못한다.

> ∴ 戊土가 투(透)하면 매금의 우려가 있어 甲木은 소토(疎土)용이지 인정(引丁)의 용도가 아니므로 庚金으로 벽갑할 필요가 없다. 辰月 庚金은 母旺子相해도 眞旺이 아니다. 실령실시(失時失令)하여 완금(頑金)이라 한다. 따라서 丁火로 단련해야 한다.

得丁甲兩透, 不見比肩, 科甲之命, 但要好運相催, 甲透丁藏, 採芹拾芥, 甲藏丁透, 異路功名。丁甲俱藏, 不受庚制, 富中取貴, 刀筆起家, 有甲無丁, 平常之輩, 有丁無甲, 迂儒腐儒。丁甲兩無, 下賤之流。

丁甲이 모두 투하고 比肩을 보지 않으면 과갑의 명이

나 좋은 運이 도와야 한다. 甲木이 투하고 丁火가 암장되면 부귀를 쉽게 얻고 甲이 암장되고 丁火가 투하면 이로로 공명한다. 丁甲이 모두 암장되어 庚金의 제를 받지 않으면 부중취귀 하고 도필 노릇으로 가문을 일으킨다.

甲木이 있고 丁이 없으면 평상인이고, 丁火가 있고 甲이 없으면 세상물정 모르는 쓸모없는 선비고, 丁甲이 모두 없으면 하천한 무리가 된다.

∴ 體用이 同宮하여 유근한 상격은 運이 받쳐주지 않아도 발전하나 그렇지 않은 명은 원명의 약점을 運에서 도와야 한다.

或一甲、無丁、有丙, 由行伍而得官職, 須不見壬癸爲妙.

혹 하나의 甲木이 있는데 丁이 없고 丙火가 있으면 무직으로 관직을 얻고 필히 壬癸水가 없어야 묘하다.

或支成土局, 無木, 貧賤僧道, 見乙、奸詐小人。

혹 지지에 土局을 이루는데 甲木이 없으면 빈천하거나 승도가 되며 乙木을 보면 간사한 소인이다.

或支成火局, 癸水透, 富貴, 有丙丁出干, 見壬制之、方吉, 無制、殘疾之人。用甲者, 水妻、木子, 用丁者, 木妻、火子。

혹 지지에 火局을 이루고 癸水가 透하면 부귀하고 丙丁이 出干하고 壬水의 제함이 있으면 길하고 제하지 못하면 질병이 있는 사람이다. 甲을 용하면 水가 처요 木이 자식이고 丁을 용하면 木이 처요 火가 자식이다.

■ 三夏庚金

四月庚金, 長生於巳, 巳內有戊, 丙不鎔金, 故不畏火炎, 丙亦可作用, 但先壬水, 方得中和, 故曰群金生夏, 喜用勾陳, 次取戊土, 丙火佐之, 三者皆全, 登科及第, 則透一二, 亦非白丁。

巳月 庚金은 巳에서 장생하고 巳중에 戊土가 있고 丙火는 金을 녹일 수 없어 화염을 두려워하지 않으니 丙火역시 용신으로 쓸 수 있다. 단 먼저 壬水로 중화를 얻고 “金의 무리가 여름에 생하면 구진(土)을 희용한다”하니

그다음 戊土를 취하고 丙火로 보좌한다. 壬丙戊가 모두 온전하면 등과급제 하고 한두 개만 투하면 백정은 되지 않는다.

∴ 庚金은 巳에서 장생이지만 약하다. 丙火가 當旺하고 戊土가 득록(得綠)하여 丙火가 金을 녹이지 못하고 戊土 역시 金을 생하기 어렵기 때문이다.

或一派丙火, 名曰假殺爲權, 須不見壬制者, 此人假作淸高, 並無仁義, 刑妻剋子, 有壬制者, 又主榮華, 壬藏支者, 有富貴之名, 而無其實。

혹 한 무리의 丙火가 있으면 假殺僞權이라 하나 壬水로 제하지 못하면 이 사람은 청고한 척하고 인의가 없고 처자를 형극 한다. 壬水로 제하면 반드시 영화롭고 壬水가 암장되면 부귀하다는 말은 있지만 실속은 없다.

假殺爲權 : 七殺이 권세로 나타나는 것.

∴ 巳月 庚金이 가살위권(假殺僞權)이 되려면 먼저 庚辛金이 투하여 신왕해야 한다.

或支成金局, 變弱爲强, 用丙無力, 用丁方妙, 故丁透者吉, 無丁、無用之人。或丁出三四, 煆制太過, 其人奔波.

혹 지지에 金局을 이루면 弱변强이 되니 丙火를 용하면 무력하고 丁火를 용하면 묘하다. 고로 丁火가 투하면 길하고 丁이 없으면 쓸모없는 사람이다. 혹 丁火가 서너개 나타나 단련과 제함이 지나치면 그 사람은 분주하고 파란이 많다.

四月庚金, 須用壬丙戊, 但非拘執先後, 宜分病用藥。妻子仝前.

巳月 庚金은 반드시 壬丙戊를 용하는 데 선후에 집착하여 구애되지 말고 病을 나누어 藥을 사용하는 것이 옳다. 처자의 관계는 辰月과 동일하다.

劍戟成功, 入火鄕而反害, 金逢火已損, 再見火必傷, 庚辛火旺怕南方, 逢辰巳之鄕, 又爲榮斷。

金이 검이나 창으로 이미 金으로서의 功이 이루어 졌을때 火運으로 들면 반대로 해롭다. 金이 火를 만나면 이미 손실이 있으니 재차 火를 보면 필히 상한다. 庚辛

金이 火왕하면 南方이 두려우나 辰巳 運을 만나면 영화를 단정한다. 辰巳 運이 吉한 것은 辰은 습토로 金을 生하고 巳는 생지로 金氣를 암장하기 때문이다.

五月庚金, 丁火旺烈, 庚金敗地, 專用壬水, 癸又次之.

午月 庚金은 丁火가 왕성하고 맹렬하고 庚金은 패지에 있으니 壬水를 전용하고 癸水는 그 다음이다.

壬透癸藏, 支見庚辛, 必然科甲, 切忌戊己透干制水、則否, 戊藏支內, 不失儒林, 或壬在支, 有金生助, 又得金神出干, 明經之貴, 或癸出帶辛, 異路之榮。

壬水가 투간 하고 癸가 암장되고 지지에 庚辛이 있으면 필히 과갑하고 戊己土가 투하여 水를 제하는 것을 극히 꺼린다. 戊土가 지지에 암장되면 선비의 도는 잃지 않는다. 壬水가 지지에 있는데 金의 生助가 있으면서 또 金神이 출간하면 明經之貴가 있다. 혹 癸水가 출간하고 辛金을 연대하면 이로로 영화가 있다.

明經之貴 : 명경과(明經科)에 급제하는 정도의 貴.

∴ 癸水의 효용은 壬水와 같지만 壬水보다 약하여 辛金을 대동(帶同)해도 이로영화(異路榮華) 정도다.

혹지성염국 핍수자 분파지객 유임계제자 연납지
或支成炎局, 乏水者, 奔波之客, 有壬癸制者, 捐納之
인 우견무기투자즉길 무임계제화자 우의무기출간보
人, 又見戊己透者則吉, 無壬癸制火者, 又宜戊己出干補
금설화 서불요절고빈
金洩火, 庶不夭折孤貧。

혹 지지에 火局을 이루고 水가 부족하면 분파지객(奔波之客)이고 壬癸水가 있으면 연납지인(捐納之人)이다. 戊己土가 투하면 吉한데 壬癸水가 火를 제하지 못하면 마땅히 戊己土가 출간하여 金을 보하고 火를 설하면 요절하거나 고빈한 명은 되지 않는다.

奔波之客 : 바쁘게 다니며 고생하는 사람.
捐納之人 : 금전을 기부하여 벼슬을 얻는 사람.

총지중하무수 비상격 혹일파목화 무상 인 비
總之仲夏無水, 非上格, 或一派木火, 無傷、印、比
겁 우작종살이론
劫, 又作從殺而論。

총론하면 仲夏(午月)에 水가 없으면 上格이 아니고 혹한 무리의 木火가 있고 상관 인수 비겁이 없으면 종살로 논한다.

∴ 사주에 水가 없으면 運이라도 北方으로 흘러야 한다.

六月庚金, 三伏生寒, 頑鈍極矣, 先用丁火, 次取甲木. 丁甲兩透名顯身榮, 忌癸傷丁, 有甲無丁、庸俗, 有丁無甲、生員, 丁甲全無, 下賤之人, 木雖有, 丁不透, 支又見水, 執鞭之士, 丁火無傷, 貿易之流。

未月 庚金은 삼복에 한기가 생하니 완둔함이 극에 달하므로 먼저 丁火를 쓰고 다음으로 甲木을 취한다. 丁甲이 모두 투하면 명예가 나고 영화를 누리나 癸水가 丁火를 상하게 함을 꺼린다. 甲木이 있고 丁이 없으면 庸劣한 사람이고, 丁火가 있고 甲이 없으면 生員은 하고, 丁甲이 없으면 下賤한 인물이다. 비록 木이 있고 丁火가 투하지 않고 지지에 또 水를 보면 회초리를 든 선비이고 이때 丁火가 상하지 않으면 무역(貿易)하는 사람이다.

∴ 大暑전에는 金氣가 進氣하는 때가 아니니 午月과 같이 취용한다. 未月에는 丁火가 투하지 않으면 없는 것과 같다. 未月은 己土가 당왕 하므로 丁火가 투하지 않으면 土로 논한다.

支會土局，甲先丁後，甲透者，文章顯達，丁透者，刀筆揚名。或柱多金，有二丁出制，異路功名。

지지에 土局을 이루면 甲木을 먼저 쓰고 丁火는 후에 쓴다. 甲木이 투하면 문장으로 현달하고 丁火가 투하면 도필로 이름을 떨친다. 혹 사주에 金이 많으면 두 개의 丁火가 투하여 제하면 이로로 공명한다.

■ 三秋庚金

七月庚金，剛銳極矣，專用丁火煆煉，次取木引丁，故曰，秋金銳銳最爲奇，壬癸相逢總不宜，如逢木火來成局，試看福壽與天齊，如得丁甲兩透，定步淸雲，若有丁無甲爲俊秀，有甲無丁是平人。丁甲兩無無用物，只堪門下作閒人.

申月 庚金은 강하고 예리함이 극에 이르니 丁火를 전용하여 하련하고 그다음 甲木을 취하여 引丁해야 한다. “가을 金은 銳銳함이 기특하니 壬癸水를 만나는 것은 전

체적으로 마땅치 않고 만일 木火를 보아 局을 이루면 복수가 하늘과 같이 쌓임을 살펴보라"고 했다. 만약 丁甲이 모두 투하면 청운 즉 고위직에 오르고, 만약 丁火가 있고 甲이 없으면 준수하고, 丁이 없고 甲木이 있으면 평상인이다. 丁甲이 모두 없으면 무용지물이니 단지 남밑에서 한가한 사람으로 지낸다.

或支成水局, 乏丁用丙, 柱中則有丙火, 不見甲木者, 必主愚懦。何也, 當時金水兩旺, 金生水以制火, 何能發達, 或見甲出引丁, 可云生監, 甲弱者、衣食充盈。

지지에 水局을 이루고 丁火가 없어 丙火를 쓸 경우 사주에 丙火는 있고 甲木이 없으면 반드시 어리석고 나약함은 어찌된 것인가. 金水가 모두 旺하면 金生水하여 火를 제하는 데 어찌 발달할 수 있겠는가? 甲木이 出干하여 引丁하면 생원, 공감은 할 수 있고 甲木이 약해도 衣食은 충분하다.

∴ 맹추孟秋에 旺金이 水를 생하여 丙火를 困하게 하면 우유(愚懦)하나 甲木이 투하면 水를 설하고 火를 生하여 재자약살(財滋弱殺)하나 丙火의 역량은 丁火에 미치지 못하여 공감(貢監)에 불과하다.

或支成土局, 先甲後丁。支成火局, 富貴中人, 金剛木明, 行商坐賈之人, 金備申酉戌之地, 富貴無疑, 金神入火鄉, 逢羊刃富貴榮華。

혹 地支에 土局을 이루면 甲木을 먼저 쓰고 丁火를 나중에 쓴다. 地支에 火局을 이루면 富貴한 사람이다. 金이 강하고 木이 명료하면 실업가이고, 金이 申酉戌을 지지에 두면 富貴가 의심스럽지 않다. 金神이 火運에 들고 양인(羊刃)을 만나면 부귀영화 한다.

八月庚金, 剛銳未退, 用丁甲, 丙不可少, 若丁甲透, 又見一丙, 功名顯赫, 且見羊刃無刑沖, 丙殺藏支, 名爲羊刃架殺, 主出將入相, 直介忠臣。

酉月 庚金은 강하고 예리함이 물러가지 않은 때이니 丁火 甲木을 쓰며 丙火도 적어서는 안 된다. 만약 丁甲이 투하고 또 하나의 丙火가 있으면 공명이 혁혁하게 드러난다. 양인(羊刃)이 있는데 형극이 없고 칠살 丙火가 지지에 암장되면 양인가살이라 하여 출장입상하고 절개가 곧은 충신이다.

∴ 酉月 庚金은 가을이 깊어 한기가 점점 심해지므로 丙火로 한기를 제거하고 丁火로 단련하여야 한다. 이것은 官殺을 함께 취하는 것이다.

或丙火重重, 一丁高透, 亦主科甲, 丙出丁藏, 異路之仕.

혹 丙火가 중중하고 丁火 하나가 투하면 역시 과갑하고 丙火가 투하고 丁이 암장되면 이로공명 한다.

或甲藏支, 火透而水不透者, 亦主淸高, 衣衿可望。

혹 甲木이 지지에 암장되고 火는 투하고 水가 투하지 않으면 역시 청고하고 의금을 기대할 수 있다.

或丁藏支內, 重見丙火者, 此名假殺重重, 雖羊刃帖身, 卻難從殺也。卽一丙透, 秀而不富, 或支見重重甲乙, 無用人也.

혹 지지에 丁火가 암장되고 丙火가 거듭 있으면 假殺重重으로 비록 羊刃이 첩신해도 종살은 되지 않는다. 만약 하나의 丙火가 透하면 뛰어나지만 부자는 아니다. 혹 지지에 甲乙木이 重重하면 무용한 사람이다.

總之旺金木衰，非火莫制，不見丙丁，藝術之輩。

총론하면 金旺하고 木衰한데 火가 아니면 억제하지 못하니 丙丁을 보지 못하면 예술 하는 무리다.

九月庚金，戊土司令，最怕土厚埋金，宜先用甲疏，後用壬洗，則金自出矣，忌見己土濁壬。

戌月 庚金은 戊土가 사령하니 土가 두터워 매금 되는 것을 가장 두려워하니 우선 甲木을 용하여 소토하고 그 후에 壬水로 세척하면 金은 자연 드러난다. 己土가 壬水를 흐리게 함을 가장 꺼린다.

壬甲兩透，科甲相宜，或甲透壬藏，鄕魁可望。甲藏壬透，廩貢堪謀。有甲無壬，猶有學問。有壬無甲，莫問衣衿，壬甲兩無，則爲下格。

壬水 甲木 모두 투하면 과갑이 당연하고 혹 甲木이 투하고 壬이 암장되면 향괴(鄕魁)는 가망 있다. 甲이 암장되고 壬水가 투하면 름공(廩貢)이 될 수 있다. 甲木이 있고 壬이 없으면 학문은 있다. 甲이 없고 壬水가 있으면 의금이 없다. 壬水 甲木 모두가 없으면 하격이다.

鄕魁 : 향리의 수령
廩貢 : 곡식창고 관리하는 관리

或支成水局, 丙透救之, 此人才高邁衆, 名重鄕閭, 不見癸水, 一榜可許。

혹 지지에 水局을 이루면 丙火가 투하여 구제하면 재주가 뛰어나 향리에 이름이 높고 癸水를 보지 않으면 一榜(급제)은 할 수 있다.

或四柱戊多金旺, 全無甲壬者, 則有衣祿, 亦不能久, 或庚戊多無壬甲者, 愚頑之輩。

혹 사주에 戊土가 많고 金이 왕한데 甲壬이 전무하면 의록이 있어도 오래가지 않는다. 혹 庚戊가 많고 甲壬이 없으면 어리석고 완고한 무리다.

■ 三冬庚金

十月庚金, 水冷性寒, 非丁莫造, 非丙不暖。

亥月 庚金은 水가 냉하고 성정은 차가우니 丁火가 아

니면 주조할 수 없고 丙火가 아니면 따뜻하게 하지 못한다.

丁甲兩透, 支無水局, 一榜有之, 支藏丙火, 桃浪之仙, 支見亥子, 得己出制, 亦有功名。若見丙透無丁者, 無顯達, 丁藏甲透, 武職之人, 以上不合者, 庸俗。

丁火 甲木이 모두 투하고 지지에 水局이 없으면 일방은 있고, 지지에 丙火가 암장되면 도랑지선(挑浪之仙)이 된다. 지지에 亥子가 있고 己土가 출간하여 제하면 역시 공명은 있다. 만약 丙火가 투하고 丁火가 없으면 현달하지 못하고 丁火가 암장되고 甲木이 투하면 武職 벼슬을 하고 이에 부합되지 않으면 용속(庸俗)한 사람이다.

挑浪之仙 : 임금과 교분이 있는 貴人

∴ 지지 亥子를 보면 庚金이 몹시 약해지므로 己土로 제해야 하는 데 己土는 壬水를 혼합하여 甲木을 生하므로 木이 생부(生扶)되어 丙丁火가 의지할 곳이 생겨 두려움이 없다. 만약 丙甲이 투하고 丁火가 암장되면 東南運에 현달할 수 있다.

如金水混雜, 全無丙丁者, 鄙夫, 支成金局, 無火者,僧道之命也，書曰，水冷金寒愛丙丁。

만약 金水가 혼잡하고 丙丁火가 전무하면 비부(鄙夫)가 되고 지지에 金局을 이루고 火가 없으면 승도의 명이다. 書에 이르기를 水冷金寒은 丙丁을 좋아한다 하였다.

鄙夫: 어리석고 도량이 좁은 사람.

十一月庚金，天氣嚴寒，仍取丁甲，次取丙火照暖，或丁甲兩透，丙在支中，必主科甲，則無丙火，亦有衣衿，有丁無甲，亦可富中取貴，有甲無丁，只作常人，或丙透丁藏，異途名望，丁藏有甲，武學可許。

子月 庚金은 천기가 매우 차가우니 丁火 甲木을 취하고 그다음 丙火로 비춰 따뜻하게 한다. 혹 丁甲이 모두 투하고 丙이 지지에 암장되면 필히 과갑하고, 혹 丙이 없어도 역시 의금은 있다. 丁火가 있고 甲이 없으면 역시 부중취귀 하고, 丁이 없고 甲木이 있으면 단지 平常人에 불과하고, 혹 丙火가 투하고 丁이 암장되면 이도로 名望을 얻고, 丁이 암장되고 甲木이 있으면 武學은 할 수 있다.

∴ 子月 庚金은 丙丁火를 용신으로 삼고 甲木으로 보좌한다. 신약하면 比劫運이 길하다. 戊己土의 인수는 金水의 청함을 방해하므로 팔자에 比劫이 있어야 좋은 것이다.

或重重丙火, 可許一富, 但不淸高, 丙戊生寅, 或丙坐支寅, 有一二者, 富眞貴假, 若見癸透, 一介寒儒。

혹 丙火가 중중하면 富는 하지만 청고하지는 않다. 丙戊는 寅에서 생하니 혹 丙火가 지지 寅에 좌하여 한두개 있으면 富는 참되나 貴는 거짓이다. 만약 癸水가 투하면 일개 가난한 선비에 불과하다.

或支成水局, 不見丙丁者, 此乃傷官格, 爲人淸雅, 衣祿常盈, 但子息艱難耳。

혹 지지에 水局을 이루고 丙丁火가 없으면 이는 상관격 이니 사람됨이 청아하고 의록은 넉넉하나 단 자식에 있어서는 어려움이 있다.

或丙丁太多, 名官煞混雜最無良, 又怕身輕有損傷。如遇東南二運地, 焉能挨得過時光, 過於淸冷, 似有凄涼,柱中一派金水, 不入火土之鄕, 主一生孤貧浪蕩, 難望有成也.

혹 丙丁火가 지나치게 많으면 관살혼잡이라 하니 가장 좋지 못하고 또 身輕하면 손상됨을 두려워한다. 만약 東南運을 만나면 때가 지난 빛을 얻는 것과 같다. 지나치게 청냉 하면 처량한 것과 같다. 사주에 한 무리의 金水가 있는데 火土 運으로 들지 않으면 일생 고독 가난하고 낭비 방탕하며 바라는 바를 이루기 어렵다.

十二月庚金, 寒氣太重, 且多濕泥, 愈寒愈凍, 先取丙火解凍, 次取丁火煉金, 甲亦不可少。

丑月 庚金은 한기가 지나치고 또 濕土가 많아 더욱 차갑고 얼어 우선 丙火를 취하여 해동하고 다음으로 丁火를 취해 金을 제련하는 데 甲木이 적으면 역시 불가하다.

丙丁甲透者, 則不科甲, 亦有恩榮。有丙無丁甲者, 富中取貴, 有丁甲無丙者, 特達才人, 有丙丁無甲者, 白手成家, 刀筆亨通, 乏金更美, 或支成金局無火, 僧道之

류
流.

丙丁火와 甲木이 투하면 과갑은 아니라도 역시 은영은 있다. 丙火가 있고 丁甲이 없으면 부중취귀 하고, 丙이 없고 丁甲이 있으면 재주가 특별한 사람이다. 丙丁火가 있고 甲木이 없으면 자수성가하고 도필로 형통하며 金이 없어도 더욱 아름답다. 혹 지지에 金局을 이루고 火가 없으면 승도의 부류다.

∴ 丙火로 조후하면 富가 있고 丁火로 단련하면 貴가 있는데 甲木으로 보좌해야 한다. 丙丁火만 있고 甲木이 없으면 富하고 재주는 있으나 貴가 없다. 丑月은 金局은 酉月처럼 기세가 순수하지 못해 丁甲丙이 없으면 무용지물이다.

삼춘신금
■ 三春辛金

정월신금, 양기서이한기미제, 불지정월건인, 중유장
正月辛金, 陽氣舒而寒氣未除, 不知正月建寅, 中有長
생지병, 해거한기, 기갑목사권, 신금실령, 취기토위신
生之丙, 解去寒氣, 忌甲木司權, 辛金失令, 取己土爲身
지본, 욕득신금발현, 전뢰임수지공, 기임량투, 지견경
之本, 欲得辛金發現, 全賴壬水之功, 己壬兩透, 支見庚

制甲，科甲定然，或己土透干，支中有甲，異路恩榮，或己土不全，號曰君臣失勢，富貴難全，或有丙火出干，亦主武學，或見壬、無己庚者，貧賤之徒。

寅月 辛金은 양기가 서서히 펼쳐지나 한기가 제거되지 않는 때라고 하는 것은 月建 寅을 바로 알지 못하기 때문이다. 寅중에 丙火가 장생으로 있어 한기를 해거하므로 유용한 것 같지만 甲木이 사권 하여 이를 꺼린다. 辛金이 실령 하니 己土를 취하여 일간을 생하는 근본으로 삼고 辛金이 發現하고자 하면 壬水의 功에 의지하는데 己壬이 모두 투하고 지지에서 庚金이 甲木을 제하면 과갑이 당연하다. 혹 己土가 투하고 지지에 甲木이 있으면 異路로 은영이 있고, 己土가 온전치 않으면 君臣失勢라 해서 부귀가 완전하기 어렵다. 혹 병화가 출간하면 주로 武學을 하고 혹 壬水가 있고 己土 庚金이 없으면 빈천한 무리다.

∴ 庚金은 강금으로 예리하고 스스로 차가우니 해동을 즉 剋을 기뻐한다. 그러나 辛금은 온윤하고 청하므로 洩하면 빛이 난다. 따라서 寅宮에 丙火가 있으나 조후를 용하지 않는다. 寅月 辛金은 쇠갈하여 재관을 감당할 수 없어 己土로 생해야 발현할 수 있다.

지지에 申이 있으면 충분히 寅을 제하고 自旺하여 유용한 것이다. 丙火가 出干하면 武學을 한다함은 八字에 印劫이 있어 印綬用殺格이 될 때 가능하다.

或支成火局, 則壬水出干, 不剋己土, 亦尋常之人, 或庚壬兩透, 破局制火, 必爲顯達之人。

혹 지지에 火局을 이루고 壬水가 출간했는데 己土의 극이 없으면 평상인이고, 혹 庚壬이 모두 투하면 火局을 파하고 제하면 필히 현달한 사람이 된다.

∴ 봄의 壬水는 쇠갈하여 庚金의 生을 필요로 하고 庚金은 연약한 辛金을 방신(幇身)하는 두가지 효용이 있는 것이다.

或支成水局, 不見丙火, 名爲金弱沉寒, 平常之士, 書曰金水性寒寒到底, 淒涼難免少年憂, 得丙透照暖, 反主富貴.

지지에 水局을 이루고 丙火가 없으면 금약침한 이라하여 보통의 선비에 불과하다. 書에 이르길 "金水의 성질은 차가우니 한기가 매우 깊으면 처량하고 어려서 우환을 면키 어려우나 丙火가 투하여 비춰 따뜻하면 오히려 부귀하다고 했다.

고정월신금, 선기후임, 기위군, 경위좌, 여용병화수
故正月辛金, 先己後壬, 己爲君, 庚爲佐, 如用丙火須
참간, 용기, 화처토자, 용임, 금처수자
參看, 用己, 火妻土子, 用壬, 金妻水子。

고로 寅月 辛金은 먼저 己土를 쓰고 나중에 壬水를 쓰며 己土는 君으로 삼고 庚金으로 보좌한다. 만일 丙火를 用하면 잘 살펴서 써야한다. 己를 용하면 火가 처요 土가 자식이고 壬을 용하면 金이 처요 水가 자식이다.

∴ 庚金은 甲木의 病을 제거하고 일원과 용신을 구제하는 역할을 한다. 丙火는 金水가 강할 때 쓴다. 이처럼 寅月 辛金은 팔자의 강약에 아주 민감하므로 잘 살펴야 한다.

신금주옥, 최파홍로, 신봉묘일, 자시, 명왈조양
辛金珠玉, 最怕紅爐, 辛逢卯日, 子時, 名曰朝陽。

辛金은 주옥(珠玉)이니 홍로를 가장 두려워한다. 辛金이 卯日 子時면 조양(朝陽)이라 한다.

∴ 辛일주가 戊子시에 태어나 명주에 재관을 보지 않으면 조양격이 된다. 官을 꺼리므로 水를 用한다. 運에서는 火運을 기피하고 西北運을 기뻐한다.

이월신금, 양화지제, 임수위존, 견무기위병, 득갑제
二月辛金, 陽和之際, 壬水爲尊, 見戊己爲病, 得甲制

伏, 則辛金不致埋沒, 壬水不致混濁, 合此者必身入玉堂, 故二月辛金, 有壬甲透者貴顯, 否則, 鄕紳, 或壬坐亥支, 不見土出, 可能入芥, 家亦小康, 得申中之壬者, 異途名望, 無壬者常人, 其生剋之理, 與正月辛金皆同。

卯月 辛金은 양기가 화창한 때이니 壬水가 존귀하고 戊己土를 있으면 病이 되는데 甲木을 얻어 제복하면 辛金은 매몰되지 않고 壬水는 혼탁해지지도 않아 이 사람 당연히 玉堂에 오르게 된다. 고로 卯月 辛金은 壬甲이 모두 투하면 貴가 있고 그렇지 않으면 鄕神이 된다. 혹 壬이 지지에 亥水를 두고 土가 출하지 않으면 의록은 있고 집안이 강녕하다. 申중에 있는 壬을 얻으면 이도로 명망은 있고 壬이 없으면 평상인이다. 생극의 이치는 寅月 辛金과 모두 동일하다.

或壬戊透, 甲不出干, 此爲丙不遇葯, 平常之人, 得乙破戊, 頗有衣衿, 但假名假利, 刻薄乖張。

혹 壬戊가 모두 투하고 甲木이 출간하지 않으면 이는 病은 있으나 藥이 없는 것과 같아 평상인이다. 乙木을 얻어 戊土를 파하면 약간의 의금은 있으나 명리가 거짓되고 각박하고 엉뚱하게 과장한다.

或一派壬水汪洋, 名金水淘洗太過, 不得中和, 略有衣食, 全無作爲, 如壬水重重, 得戊反吉。或支成木局, 洩盡壬水, 有庚富貴, 無庚平人。

혹 한 무리의 壬水가 왕양하면 水가 金을 지나치게 도세하니 중화를 얻지 못하여 대략 의식은 있으나 이루는 게 없다. 만약 壬水가 중중하면 戊土를 얻어야 오히려 길하다. 혹 지지에 木局을 이루어 壬水를 지나치게 설기하면 庚金이 있어야 부귀하고 庚金이 없으면 평상인이다.

∴ 봄의 辛金은 매우 약하므로 겁재 庚金으로 돕지 않으면 財를 감당할 수 없다.

或支成火局, 名官印相爭, 金水兩傷, 下流之格, 得二壬出制, 富貴反奇。

혹 지지에 火局을 지우면 官印相爭하니 金水가 서로 傷하여 하격이 된다. 두 개의 壬水가 출하여 火를 제하면 부귀가 오히려 기묘하다.

∴ 지지 火局을 이루면 화왕토조하여 관인상생하니 金水가 모두 傷하여 빈천한 팔자가 된다.

辛金生於春季, 一派壬水, 而無丙火, 則能顯達, 家無宿春, 得壬丙齊透, 方許大富大貴。

辛金이 봄철에 생하여 한 무리의 壬水가 있고 丙火가 없으면 현달할 수 있으나 집에 가정적인 사람은 아니다. 壬丙이 같이 투하면 대부대귀할 수 있다.

三月辛金, 戊土司令, 辛承正氣, 母旺子相, 先壬後甲, 壬甲兩透, 富貴必然, 壬透甲藏, 廩貢不失, 甲透壬藏, 富則可云, 壬甲皆無, 平常之格。

辰月 辛金은 戊土가 사령하니 辛金이 정기를 계승하고 있어 모왕자상하니 먼저 壬水를 쓰고 나중에 甲木을 쓴다. 壬甲이 모두 투하면 부귀는 필연이고 壬水가 투하고 甲木이 암장되면 늠공은 할 수 있고 壬水가 암장되고 甲木이 투하면 부유하다. 壬甲이 모두 없으면 평상의 격이다.

∴ 辰月 辛金은 인수가 令을 잡았으니 습토가 상생하여 辛金이 약하지 않다.

所忌者丙貪合也, 如月時皆丙, 名爲爭合, 主慷慨風流, 交遊四海, 若癸出干制丙, 可許採芹, 或支坐亥子之鄕, 支又見申, 則非玉堂, 亦泌高增祿位, 若戊出干制水, 不見甲乙, 淸閑之人。

꺼리는 바는 丙火가 탐합 하는 것으로 만약 月時에 모두 丙火가 있으면 爭合이라 하여 이런 命은 강개하고 풍류가 있어 사해를 교류한다. 만약 癸水가 출간하여 丙火를 제하면 채근은 할 수 있고 혹 지지에 亥子가 있고 또 申이 있으면 玉堂은 아니나 필히 지위가 높이 오른다. 만약 戊土가 출간하여 水를 제하고 甲乙을 보지 못하면 청렴하고 한가한 사람이다.

∴ 地支의 亥水가 眞神이다 이는 亥중 壬水와 甲木이 모두 있기 때문에 申과 子는 이에 미치지 못한다.

又或支見四庫, 名土厚金埋, 不見甲制, 愚頑之輩。

혹 지지에 辰戌丑未를 보면 土가 두터워 金이 묻히니 甲木으로 제하지 못하면 어리석고 완고한 무리다.

或四柱火多, 無水制伏, 名火土雜亂, 主作緇衣, 見癸可解.

혹 사주에 火가 많은데 水로 제복하지 않으면 火土가 잡란하니 승복 입을 명이지만 癸水를 보면 해소할 수 있다.

或比劫重重, 壬癸淺弱, 主夭, 有甲出干, 則貴, 然無庚制方妙.

혹 비견이 중중한데 壬癸가 얕고 약하면 요절하고 甲木이 출간하면 귀하나 庚金의 제함이 없어야 묘하다.

∴ 비겁이 많은데 壬癸水가 무력하면 辰土가 水를 파하여 장애와 중단이 있다.

■ 三夏辛金

四月辛金, 時逢首夏, 忌丙火之燥烈, 喜壬水之洗淘, 支成金局, 水透出干, 有木制戊, 名一清澈底, 科甲功名, 癸透壬藏, 富真貴假, 若壬癸皆藏, 戊己亦藏, 略

부 약임계구무 반견화출 필주환독
富, 若壬癸俱無, 反見火出, 必主鰥獨。

巳月 辛金은 여름이 시작하는 때니 丙火로 조열함을 꺼리고 壬水의 도세를 기뻐한다. 지지에 金局을 이루고 水가 투하고 甲木으로 戊土를 제하면 일청철저라 하여 과갑하여 공명을 이룬다. 癸水가 투하고 壬이 암장되면 富는 있으나 貴는 없다. 만약 壬癸가 모두 암장되고 戊己도 역시 암장되면 富가 작다. 만약 壬癸가 없고 오히려 火가 투하면 필히 고독한 홀아비가 된다.

∴ 여름의 월령은 모두 土가 내장되어 있어 水로 윤택하게 하면 자연 辛金이 왕성해져 반생의 공을 이룬다.

혹지성화국 유제자길 무제자흉 범화왕무수 취토
或支成火局, 有制者吉, 無制者凶, 凡火旺無水, 取土

설지
洩之.

혹 지지에 火局을 이루고 제함이 있으면 길하고 제함이 없으면 흉하다. 무릇 火旺한 데 水가 없으면 土를 취해 설한다.

∴ 火旺하고 水가 없으면 부득이 土를 취하여 설하면 金이 용해(鎔解)되지는 않으나 生할 수가 없어 고빈 함은 면하나 귀격을 이루지 못한다.

若壬水藏亥, 戊不出干, 亦主上達, 有戊常人, 有一甲透, 衣祿可求, 若有甲無壬癸者, 富貴虛浮, 所謂羊質虎皮是也。壬、癸、甲、三者全無, 又不合格, 斯爲下品。

만약 壬水가 亥에 암장되고 戊土가 출간하지 않으면 역시 上達하고 戊가 있으면 평상인이다. 하나의 甲木이 투하면 의록은 구할 수 있다. 만약 甲木은 있고 壬癸가 없으면 富貴가 허부(虛浮)하다. 이른바 속은 양이고 가죽은 호랑이와 다름이 없다. 壬癸甲 三者가 전무하고 또한 격이 부합되지 않으면 下品이 된다.

∴ 甲木의 기능은 戊土를 제하는 藥의 기능만 있다 그러므로 壬癸水가 없고 甲木만 透出하면 오히려 火旺을 도와 쓸모가 없다. 이런 경우 양질호피(羊質虎皮)로 외화내빈(外華內貧)을 뜻한다.

五月辛金, 丁火司權, 辛金失令, 陰柔之極, 不宜煆煉, 須己壬兼用, 何也, 己爲泥沙, 壬爲湖海, 己無壬不濕, 辛無己不生, 故壬己竝用。無壬、癸亦可用。但癸力小. 或支成火局, 則重見癸出, 亦不濟, 得壬透破火方可, 必主生員. 若無壬, 癸見戊, 雖有午宮己土, 燥泥成灰, 金必爍鎔, 反遭埋沒, 必爲僧道。有一二重比肩, 不致孤獨.

午月 辛金은 丁火가 사권하니 辛金은 실령하고 음유함이 극에 이르니 하련은 마땅치 않고 己壬을 겸용하는 것이 필수적인데 어째서 그런가? 己土는 진흙모래와 같고 壬水는 호수나 바다와 같아 己土는 壬이 없으면 습하지 않고 辛金은 己土가 없으면 생하지 않으므로 壬己를 병용해야 한다. 壬水가 없으면 癸를 쓸 수는 있으나 단 癸水는 힘이 약하다. 혹 지지에 火局을 이루고 거듭 癸水가 투해도 구제할 수 없으므로 壬水가 투하여 火를 파해야만 가능하니 이런 명주는 필히 생원이라도 한다. 만약 壬水가 없고 癸가 있는데 戊土를 보면 午중 己土가 있어도 마른 진흙이 재가 되어 金은 필히 불타 녹아 오히려 매몰되면 반드시 승도가 된다. 한두 개의 比肩을 거듭 보면 고독함에는 이르지 않는다.

∴ 辰巳月은 戊土가 당왕하여 埋金될 염려가 있으나 午月은 무방하다. 다만 火旺土燥하여 生金하기 어려워 반드시 壬水를 겸해 취하는 것이다. 壬水가 없는데 癸水가 투하여 戊土와 합을 이루면 진흙이 불타

올라 결국 辛金을 녹여버리니 승도의 팔자가 된다.

오월신금 임 계 기 삼자개용
五月辛金, 壬、癸、己、三者皆用。

午月 辛金은 壬水 癸水 己土 삼자 모두 쓴다.

혹임기량투 지견계수 불충 정주현달 즉기장지
或壬己兩透, 支見癸水, 不沖, 定主顯達, 則己藏支,
역유름공 혹무 유기 수득이도 혹계출유경 필주의
亦有廩貢, 或無壬有己, 須得異途, 或癸出有庚, 必主衣
금 도수은영 약수토다견 견갑방묘
錦, 叨受恩榮, 若水土多見, 見甲方妙。

혹 壬己가 모두 투하고 지지에 癸水가 있고 충하지 않으면 반드시 현달한다. 역시 己土가 지지에 암장되어도 늠공은 있고 혹 壬水가 없고 己土가 있으면 모름지기 이도를 득한다. 혹 癸水가 출하고 庚金이 있으면 필히 의금이 있고 은영을 받는다. 만약 水土가 많으면 甲木을 보아야 묘함이 있다.

경신생어하월 요임계득지 약목다화다 불견금수
庚辛生於夏月, 要壬癸得地, 若木多火多, 不見金水,
봉금수운필패
逢金水運必敗。

庚辛이 여름에 생하면 壬癸가 득지해야 하고 만약 木火가 많은데 金水를 보지 못하면 金水運을 만나면 반드시 敗한다.

∴ 木火가 많은데 金水가 없으면 종살격과 비슷하여 金水 運을 향하면 水火가 교전하여 凶厄이 따른다.

六月辛金, 己土當權, 輔助太多, 恐掩金光, 先用壬水, 取庚佐之, 壬庚兩透, 科甲功名, 卽不出干, 藏之得所, 亦有榮華, 但忌戊出, 得甲制之, 方吉, 甲須膈位, 恐貪己合, 反掩金光, 又塞壬水之流, 下賤之格, 又忌庚出制甲, 或只有未中一己, 見了壬水, 又爲濕泥, 不可見甲, 甲出, 反作平人, 總以一壬一己, 見庚無甲, 方妙, 與五月用己壬同。

未月 辛金은 己土가 당권하여 조력이 태다하므로 金빛을 잃을 염려가 있어 먼저 壬水를 쓰고 庚金을 취하여 보좌해야한다. 壬庚이 모두 투하면 과갑하여 공명을 이루고 만일 출간하지 않고 地支에 암장되어 득소해도 역시 영화가 있다. 단 戊土가 출하는 것을 꺼리니 甲木을 얻어 제해야 길하다. 이때 甲木은 떨어져 있어야 하는 것은 己土와 탐합하면 이는 오히려 金빛을 어둡게 하고 또 壬水의 흐름을 막아 하천한 격이 되기 때문이다. 또

庚金이 투출하여 甲木을 제하는 것을 꺼린다. 혹시 다만 未중에 하나의 己土가 있고 壬水를 보는 것으로 그치면 또한 습토가 된다. 甲木을 보는 것은 불가한데 甲木이 출하면 오히려 평상인이다. 결론적으로 하나의 壬水 하나의 己土가 庚金을 보고 甲木이 없으면 묘(妙)하고 辛金이 午月에 己壬을 함께 용하는 것과 같다.

∴ 己土가 甲木과 합을 이루면 月令의 氣에 同化되어 土로 化하니 매금하여 金을 더럽히고 壬水를 혼탁하게 만들어 빈천한 命이 된다.

或丁乙出干, 又有庚壬者, 顯貴, 無壬者、否, 或支成木局, 得壬透, 又有庚金發水之源, 可云富貴。

혹 丁乙이 出干하고 또 庚壬이 있으면 貴가 나타나고 壬水가 없으면 불가하다. 혹 地支에 木局을 이루고 壬이 투하고 또 庚金있어 수원을 발하면 富貴하다 할 수 있다.

∴ 未月 辛金에 丁乙이 출간하면 體用이 同宮에 있어 귀격의 전형이지만, 마른 땅에 먼지를 일으키는 격이니 壬水가 있어야 貴가 있다. 이때 庚壬이 있으면 과갑에 이른다.

■ 三秋辛金

七月辛金, 値庚司令, 不旺自旺, 且壬水居申, 四柱不見戊土, 胎元戊藏申內, 爲壬堤岸, 人命得此, 爲官淸正, 但不富耳.

申月 辛金은 庚金이 사령하니 旺하지 않은 것 같으나 스스로 旺하고, 또한 壬이 申에 거하여 사주에 戊土를 보지 않아도 태원(월령)의 戊가 申에 암장되니 壬水의 제방이 된다. 사람의 命이 이와 같으면 官은 청정하나 단 富가 적다.

∴ 금수상관이 淸을 취하면 戊土가 투하지지 않는 것이 좋다.

或有土無甲, 爲有病無藥, 常人, 有甲者, 衣衿可望。或四柱金多, 宜水洩之, 若一派金水, 得一戊土, 反爲辛用, 又宜甲制, 自然富貴。或干支水多, 重見戊土, 逢生得位, 福壽之造。

혹 土가 있고 甲木이 없으면 病이 있고 藥이 없는 것

으로 평상인이고 甲木이 있으면 의금은 있다. 혹 사주에 金이 많으면 마땅히 水로 설하여야 한다. 만약 한 무리의 金水가 하나의 戊土를 얻으면 오히려 辛金의 용신이 되니 마땅히 甲木을 제해야 부귀하다. 혹 干支에 水가 많고 重見戊土하고 逢生得位하니 복수를 누리는 명조다.

∴ 申月의 庚金은 丁火로 剋하여 단련하면 길하나 辛金은 洩을 기뻐한다. 이는 음양간의 차이다. 重見戊土는 투한 戊土가 유근 유력함을 말하고 逢生이란 지지 寅을 말하고 得位는 戌나 巳를 말한다.

칠월신금 임불재다 고서운 수천금다 호왈체전지
七月辛金, 壬不在多, 故書云, 水淺金多, 號曰體全之
상 임수위존 갑무작용가야 계수불가위용
象, 壬水爲尊, 甲戊酌用可也, 癸水不可爲用。

申月 辛金은 壬水가 많지 않아야 하는데 古書에 말하길 "水淺金多하면 體全之象이라 하여 壬水를 귀중이 여기고 甲戊는 참작하여 사용할 수 있으며 癸水는 사용할 수 없다"고 했다.

∴ 申月 辛金은 하나의 壬水가 투하면 부격을 이룬다. 壬水는 흐르는 물로 辛金을 도세(淘洗)하므로 가용하고 癸水는 주로 자윤(自潤)을 하므로 가용할 수 없다.

팔월신금 당권득령 왕지극의 전용임수도세 고운
八月辛金, 當權得令, 旺之極矣, 專用壬水淘洗, 故云

金見水以流通。如見戊己，則生扶太過，故以土爲病，見甲制土、方妙。無戊、不宜用甲。

酉月 辛金은 당권 득령 하니 왕성함이 극에 이르러 壬水를 전용하여 도세하는데 이것은 金이 水를 보아 유통되기 때문이다. 만약 戊己가 있으면 生扶가 지나쳐 土가 病이되니 甲木으로 土를 제하면 묘함이 있다. 戊土가 없으면 甲木을 쓰는 것이 마땅치 않다.

或四柱一點壬水，甲多洩水，此爲用神無力，奸詐之徒，得庚制者，反主仁義，或三點辛金，一重壬水，多見甲木，有庚透者，主大富貴，不見丁爲美，若見一丁，此人風雅淸高，衣食饒裕而已。

혹 사주에 한 점의 壬水가 있고 甲木이 많아 水를 설하면 이는 用神을 무력하게 하니 간사한 무리가 되고 庚金을 얻어 甲木을 제하면 오히려 인의가 있다. 혹 세 개의 辛金과 하나의 重한 壬水가 있는데 甲木이 많고 庚金이 투하면 크게 부귀하고, 丁火를 보지 않아야 아름답고 만약 하나의 丁火를 보면 기풍은 우아하고 청고하여 의식만 넉넉할 뿐이다.

∴ 丁火를 보면 壬水와 합하여 用神이 기반(羈絆) 된다. 즉 用神이 기반 되면 정은 많으나 큰 뜻이 없다.

或一二比肩，壬甲皆一，無庚出干，亦有恩榮。若二三比肩，一點壬水，戊土多見，此爲土厚埋金，此人愚懦，見一甲出，必爲創立之人。

혹 한두 개의 比肩과 壬甲 모두 하나씩 있고 庚金이 출간하지 않으면 역시 은영이 있다. 만약 두세 개의 比肩이 있고 하나의 壬水가 있는 데 戊土가 많으면 土가 두터워 매금되고 이 사람은 어리석고 나약하지만 하나의 甲木이 출하면 필시 창업하는 사람이다.

或一派辛金，一位壬水，無庚雜亂，又主富中取貴。或一派壬水洩金，無戊出制，爲沙水同流，主奔波貧苦。若得支見一戊止流，其人頗有才略，藝術過人。

혹 한 무리의 辛金과 일점의 壬水가 있고 庚金이 雜亂치 않으면 부중취귀 한다. 혹 한 무리의 壬水로 金을 설하는데 戊土가 출하여 제하지 않으면 沙水同流라 해서 분파빈고(奔波貧苦)하다. 만약 지지에 하나의 戊土로 물의 흐름을 멈추면 그 사람은 꽤 재주가 있어 예술방면이 뛰어난 사람이다.

沙水同流 : 흙과 물이 같이 흘러감
奔波貧苦 : 분란과 파란이 많고 가난하고 고생함.

∴ 辛金이 적은데 壬水가 많으면 庚金이 방신해야 한다. 己土는 壬水를 막지 못한다.

或支成金局, 干見比肩, 無壬淘洗, 此宜用丁, 無丁必主凶頑無賴。若得一壬高透, 以洩群金, 又名一淸到底, 定有治國之材。

혹 지지에 金局을 이루고 천간에 比肩이 있으면 壬水로 도세하지 않으면 丁火를 쓰는 것이 마땅하고 丁火가 없으면 필히 흉폭 완고하고 의지할 곳이 없다. 만약 하나의 壬水가 투하여 金의 무리를 설하면 일청도저(一靑到底)라 하여 치국지재가 된다.

∴ 음간이 旺하면 洩함이 우선이고 洩함이 없으면 剋을 한다.

或支成金局，戊己透干，壬透無火，名曰虎格，運行西北，富貴大顯，子息艱難。或透丙火，雖有壬出，亦屬平庸.

혹 지지에 金局을 이루고 戊己가 투했는데 壬水가 투하고 火가 없으면 백호격이라 하여 運이 西北으로 향하면 부귀가 크게 나타나나 자식은 간난하다. 혹 丙火가 투하면 비록 壬水가 출해도 역시 평범한 사람에 속한다.

∴ 戊己土와 壬水가 투간 하면 효인탈식으로 자식이 간난하다 한 것이다. 丙火가 있으면 戊土를 생하여 壬水을 제하고 丙辛合이 失時하여 격을 이루지 못하므로 평범한 것이다.

或一二辛金，一派己土，定爲僧道。或干透己土，支見庚甲，一生安閒。或一派乙木，不見庚干，爲財多身弱，一見庚制，富貴可期。

혹 한두 개의 辛金 과 한 무리의 己土가 있으면 승도가 된다. 혹 천간에 己土가 투하고 지지에 庚甲이 있으면 일생동안 안락하다. 한 무리의 乙木이 있는데 庚金이 투간하지 않으면 재다신약이 되고 하나의 庚金으로 제하면 부귀할 수 있다.

∴ 戊土가 두터우면 매금 되어 빛을 잃고 己土가 많으면 오금이 되어 광채를 잃는다.

金生秋月土重, 貧無寸鐵。六辛日逢戊子時, 運喜西方, 陰若朝陽, 切忌丙丁離位。庚辛局全巳酉丑, 位重權高.

金이 가을에 生하여 土가 중하면 촌철(寸鐵)도 없을 정도로 가난하다. 六辛일이 戊子시가 되면 運이 西方으로 가면 좋고 陰이 朝陽되면 丙丁火의 이위(離位)를 꺼린다. 庚辛金이 巳酉丑 全局을 이루면 지위와 권세가 높다.

寸鐵 : 조그마한 쇠붙이

∴ 六辛일 戊子시를 만나면 육음조양격이 되어 관살 丙丁火를 꺼리고 子水의 쓰임이 있으면 귀격을 이룬다.

九月辛金, 戊土司令, 母旺子相, 須甲疏土, 壬洩旺金, 先壬後甲。壬甲兩透, 桃洞之仙。或壬透甲藏, 又見庚者, 平人。甲透、壬藏, 戊在支內, 異途之仕。

戊月 辛金은 戊土가 사령하여 모왕자상 하니 반드시 甲木으로 소토해야 하고 壬水로 旺金을 설해야 하니 먼저 壬水를 쓰고 다음에 甲木을 쓴다. 壬甲이 모두 투하면 도동지선이다. 혹 壬水가 투하고 甲이 암장되고 또 庚金을 보면 평상인이다. 甲木이 투하고 壬이 암장되고 戊土가 지지에 있으면 이도로 벼슬한다.

∴ 季月은 戊己土가 透하지 않아도 土가 방해하므로 일단 甲木이 透하는 것이 좋다. 土燥하면 金이 약해지니 壬水가 있어야 한다.

或辛日甲月, 壬水在支, 有庚自能去濁留淸, 秋闈一榜. 若戊戌月, 則有甲在支亦否。

혹 辛日 甲戌月에 壬水가 지지에 있고 庚金이 있으면 자연이 거탁유청 되니 추위에 급제한다. 만약 戊戌月이고 甲木이 지지에 있으면 불가하다.

∴ 金과 水의 상생작용으로 거탁유청한다.

總之土太多, 甲不出干, 莫問功名, 得一壬出, 洗土助甲, 雖不發達, 富而可求。

총론하면 土가 지나치게 많고 甲木이 出干하지 않으면

공명을 묻지 말고 하나의 壬水가 出하여 土를 세척하고 甲木을 助力하면 비록 발달하지는 못해도 富를 구할 수 있다.

或土多無壬甲，時月多透丙辛者，略貴。加以辰字在支，則榮顯莫及。

혹 土가 많은데 壬甲이 없고 時月에 丙辛이 많이 투하면 대개 貴하다. 더해서 地支에 辰字가 있으면 영화로움이 아주 크다.

∴ 戌月은 金水가 진기하나 土旺하여 水氣를 거스르 am로 지지에 辰을 보고 申酉戌 方局을 이루어야 眞化가 되어 대부대귀 한다.

或木多土厚，無水者常人。或干上重見癸水，雖無淘洗之功，頗有淸棆之用。此命主富、辛苦。

혹 木이 많고 土가 두터운데 水가 없으면 평상인이다. 혹 천간에 重한 癸水가 있으면 비록 도세의 공은 없으나 청명의 쓰임은 있다. 이런 명은 비록 富하나 신고를 겪는다.

∴ 戌土는 조토로 水의 윤택함이 있어야 金을 생한

다. 癸水가 많이 透하면 도세(淘洗)의 공은 없으나 金을 淸하게 하여 고생으로 富를 이룬다.

혹기투무임유계 역능자생금력 의금지귀 단공기
或己透無壬有癸, 亦能滋生金力, 衣衿之貴, 但恐己
다 불면탁부 구월신금 화토위병 수목위약
多, 不免濁富。 九月辛金, 火土爲病, 水木爲藥。

혹 己土가 투간하고 壬水가 없고 癸水가 있으면 능히 金力을 자생하여 의금의 貴는 있고, 단 土가 많은 것을 꺼리는 것은 부정한 富를 피할 수 없기 때문이다. 戌月 辛金은 火土가 病이고 水木이 藥이 된다.

∴ 己土가 투하면 습윤하여 金을 생하여 작은 부귀는 있고, 많으면 金을 더럽히니 이때 壬水가 있어도 도세가 어려우니 부정한 재물을 피하기 어렵다.

■ 三冬辛金 (삼동신금)

십월신금 시치소양 양점승 한기장강 선용임수
十月辛金, 時値小陽, 陽漸升, 寒氣將降, 先用壬水,
차취병화 임병량투 금방제명 하야 개신금유임수병
次取丙火, 壬丙兩透, 金榜題名, 何也, 蓋辛金有壬水丙
화 명금백수청 우재해월고발
火, 名金白水淸, 又在亥月故發。

亥月 辛金은 때가 소양을 만나니 陽이 점차 상승하고 한기가 장차 하강하니 壬水를 먼저 용하고 나중에 丙火를 취한다. 壬丙이 모두 투하면 금방제명은 무엇 때문인가? 대개 辛金은 壬丙이 모두 있으면 金白水淸이라 하고 또 亥月에 있기 때문에 발달 하는 것이다.

∴ 亥月 辛金은 양기가 땅속으로 흐르고 한기가 왕성하기 직전이다. 금수상관은 冬月을 말하며 亥月은 壬水가 록왕 하여 특히 길하다.

丙透壬藏, 採芹之造。丙藏壬透, 富有千金, 壬丙在支, 聰瞑之士。

丙火가 투하고 壬水가 암장되면 채근의 명조이고 丙火가 암장되고 壬水가 투하면 천금의 부는 있고 丙壬 모두 地支에 있으면 총명한 사람이다.

戊壬在柱, 積富之人。或壬多無戊, 名辛水汪洋, 反成貧賤, 戊多壬少, 又主成名。或甲多戊少, 因藝術而蓄金.

사주에 戊壬이 있으면 富를 축척하는 사람이다. 혹 壬水가 많고 戊가 없으면 신수왕양(辛水汪洋)이라 하여 오히려 빈천해 진다. 戊土가 많고 壬이 적으면 공명을 이룬다. 甲木이 많고 戊가 적으면 예술로 축재한다.

若己多有戊，壬水被困，金被埋，不過誠實之人。或壬癸多無戊丙者，勞碌辛苦。十月辛金，先壬後丙，餘皆參用.

만약 己土가 많고 戊土가 있는 경우 壬水가 곤란을 당하고 金이 묻히니 성실한 사람에 불과하다. 혹 壬癸水가 많고 戊丙이 없으면 고생스럽고 고달픈 사람이다. 亥月 辛金은 먼저 壬水를 쓰고 나중에 丙火를 쓰며 나머지는 모두 참작해서 쓴다.

十一月辛金，癸水司令，爲寒冬雨露，切忌癸出凍金，而困丙火，壬丙兩透，不見戊癸，衣錦腰金。則壬藏丙透，一榜堪圖.

子月 辛金은 癸水가 사령하니 차가운 겨울의 우로가 되어 癸水가 출하여 동금(凍金)과 丙火을 곤하게 하는 것을 모두 꺼린다. 壬丙이 모두 투하고 戊癸를 보지 않으면 비단옷과 금띠를 두른다. 즉 壬水가 암장되고 丙火가

투하면 과거 급제를 할수 있다.

∴ 子月 辛金은 癸水가 득령하여 癸水의 출간을 절대 꺼린다. 戊土는 壬水를 제극하므로 기피하는 것이다.

或壬多有戊, 丙甲出干者, 青雲之客, 若壬多無戊丙者, 洩金太過, 定主寒儒, 或壬多、甲乙重重, 無丙火者, 貧寒.

혹 壬水가 많고 戊土가 있는데 丙甲이 출간하면 청운지객이고 만약 壬水가 많은데 戊丙이 없으면 金의 설기가 지나쳐서 가난한 선비가 된다. 혹 壬水가 많고 甲乙이 중중한데 丙火가 없으면 빈한하다.

或支成水局, 癸水出干, 有二戊制者, 富貴恩榮, 無戊者常人。或支見亥子丑, 干出比劫, 無丙、名潤下格, 富貴雙全, 運喜西北。若無庚辛, 又出甲乙, 無戊丙者, 必主僧道.

혹 지지에 水局을 이루고 癸水가 출간하면 두 개의 戊土로 제함이 있으면 부귀하고 은영이 있으나, 戊土가 없으면 평상인이다. 혹 지지로 亥子丑 水局을 보고 천간에 比劫이 출하고 丙火가 없으면 윤하격이라 하여 부귀가 모두 온전하며 西北運을 기뻐한다. 만약 庚辛 없고 甲乙이 출하고 戊丙이 없으면 필히 승도가 된다.

或支成木局，有丁出干，文見戊者，功名特達。冬月辛金，遂丙溫暖，方妙。

혹 地支에 木局을 이루고 丁火가 출간하고 또 戊土가 있으면 공명이 특별하다. 겨울의 辛金은 반드시 丙火의 온난함이 있어야 묘함이 있다.

∴ 음양간을 불문하고 팔자에 財官印 삼자를 모두 갖추면 복이 가득하다.

十二月辛金，寒凍之極，先丙後壬，無丙不能解凍，無壬不能洗淘，丙壬兩透，金馬玉堂之客，壬丙俱藏，游庠食餼之人，有丙無壬，富眞貴假，有壬乏丙，賤而且貧。或丙多、無壬、有癸，市中貿易之流。

丑月 辛金은 추위가 극에 달하니 먼저 丙火를 쓰고 후에 壬水를 쓴다. 丙火가 없으면 해동이 불가하고 壬水가

없으면 도세가 불가하니 丙壬이 모두 투해야 金馬玉堂之客이 된다. 丙壬이 모두 암장되면 遊庠食餼之人이다. 丙火가 있고 壬이 없으면 富는 참이나 貴는 거짓이다. 壬水가 있고 丙이 부족하면 빈천하다. 혹 丙火가 많고 壬이 없고 癸水가 있으면 시중에서 무역하는 부류다.

金馬玉堂之客 : 행정기관의 최고위 관리
遊庠食餼之人 : 서당을 전전하며 의식을 해결하는 사람

或水多、有戊己出干, 又有丙丁, 必主衣食充盈, 一生安樂, 十二月辛金, 丙先壬後, 戊己次之。

혹 水가 많고 戊己土가 출간하고 또 丙丁火가 있으면 필히 의식이 충분하고 가득하여 일생 안락하다. 丑月 辛金은 丙火를 먼저 용하고 壬水가 다음이며 戊己는 그 다음에 쓴다.

∴ 丑月 辛金은 丙火가 최우선이고 戊己土는 水가 많아 病이 있을 때 藥으로 쓴다.

■ 論水

天傾西北, 亥爲出水之方, 地陷東南, 辰爲納水之庫, 逆流到申而作聲, 故水不西流。水性潤下, 順則有容, 順行十二神, 順也, 主有度量, 有吉神扶助, 乃貴格。逆則有聲, 逆行十二神, 逆也。入格者, 主淸貴, 有聲譽。忌刑沖, 則橫流, 愛自死自絕、則吉。

하늘이 西北으로 기울어져 亥가 물이 나오는 방향이고 땅은 東南이 가라앉았으니 辰이 물을 받아들이는 곳이니 물이 역류하여 申에 이르면 소리를 내므로 水는 西로 흐르지 않는다. 水의 성정은 아래로 적셔 순리대로 가면 관용이 있고 十二 地支를 순행하면 순이라 하니 도량이 있으니 길신이 도와주면 귀격이다. 역류하면 소리가 나니 十二 地支를 역행하면 역이라 한다. 그래도 성격되면 청귀하고 명성과 명예가 있다.

형충을 꺼리니 형충하면 횡류한다. 自死와 自絶을 좋아하니 길하다.

∴ 自死는 癸卯고 自絶은 癸巳로 일귀격을 이루므로 길하다는 것이다.

水不絶源，仗金生而流遠，水流泛濫，賴土剋以堤防。水火均，則合旣濟之美。水土混，則有濁源之凶。四時皆忌火多，則水受渴。忌見土重，則水不流。忌見金死，金死則水困。忌見木旺，　木旺則水死。沈芝云：　水命動搖，多主濁濫，女人尤忌之。口訣云：　陽水身弱、窮，陰水身弱、主貴。

水의 원천이 끊어지지 않으려면 金의 生에 의지해야 멀리 흐른다. 水가 범람하면 극제(剋制)할 수 있는 土의 제방에 의존해야 한다. 水火가 균등하면 기재의 미와 합치한다. 水土가 혼잡하면 근원이 탁해지는 흉이 있다. 사계절 모두 火가 많음을 꺼리는 것은 水가 고갈되기 때문이고, 土가 중함을 꺼리는 것은 水가 흐르지 못하기 때문이다. 金이 死하는 것을 꺼리는 것은 金이 死하면 水

가 부족해지기 때문이고, 木이 旺하는 것을 꺼리는 것은 木이 旺하면 水가 死한다. 심지에 이르길 "水의 命局이 동요하면 탁함이 많아 女命의 경우 특히 꺼린다."고 했다. 구결에 이르길 "陽水가 身弱하면 窮하고 陰水가 身弱하면 貴하다"라고 했다.

∴ 水火의 균등은 壬丙의 수보양광의 조합을 의미하고 水土의 혼잡은 壬己로 타니대수를 말한다. 子月 癸水는 申金으로 水生해야 하는데 庚이 子를 보면 死地에 들기 때문이다. 寅卯月에는 壬의 病死地가 되어 壬水는 木旺으로 신약을 꺼리지만 癸水는 해당 사항이 없다.

生於春月(생어춘월), 性濫滔淫(성람도음), 再逢水助(재봉수조), 必有崩堤之勢(필유붕제지세)。若加土盛(약가토성), 則無泛漲之憂(즉무범창지우)。喜金生扶(희금생부), 不宜金盛(불의금성), 欲火既濟(욕화기제), 不要火多(불요화다), 見木而可施功(견목이가시공), 無土仍愁散漫(무토잉수산만)。

水가 봄에 생하면 세차게 넘쳐흐르는 성정이 있는데 다시 水가 도우면 필시 제방을 붕괴하려는 세력을 지니고 있으나, 만약 土가 왕성하면 범람의 근심은 없다. 金의 생부를 기뻐하나 金이 왕성한 것은 마땅하지 않고 火로 기제 됨을 바라지만 火가 많은 것은 바라지 않는다. 木을 보면 가히 공덕을 베푸나 土가 없으면 흩어져 근심이 있다.

夏月之水, 執性歸源, 時當涸際, 欲得比肩, 喜金生而助體。忌火旺而焙乾。木盛則盜其氣。土旺則制其流。

여름의 水가 근원으로 돌아가려는 하는 것은 시기적으로 물이 마르기 때문이니 比肩을 얻고자 하고, 金이 생하여 體를 돕는 것을 기뻐한다. 火가 旺하여 마르고 건조함을 꺼린다. 木이 盛하면 水氣를 설한다. 土가 旺하면 水의 흐름을 제지한다.

秋月之水, 母旺子相, 表裏晶瑩, 得金助則澄淸。逢土旺而混濁. 火多耳財盛, 木重而子榮, 重重見水, 增冀泛濫之憂。疊疊逢土, 始得淸平之意。

가을의 水는 母旺子相하여 겉과 속이 맑고 투명하니 金의 조력이 있으면 맑고 선명해진다. 土가 旺하면 혼탁해 진다. 火가 많으면 財가 盛하고, 木이 重하면 자식에게 영화가 있고, 水가 重重하면 범람의 근심이 증가한다. 土를 겹겹이 만나면 淸平(고요하고 평화로운 마음)의 뜻을 가진다.

∴ 가을의 水와 土의 관계는 己土를 보면 혼탁해지고 戊土를 보면 맑고 평온해진다.

동월지수 사령당권 우화 즉증난제한 견토 즉
冬月之水, 司令當權, 遇火、則增暖除寒, 見土、則形
장귀화 금다 반왈무의 목성 시위유정 토태과 세
藏歸化。金多、反曰無義。木盛、是謂有情。土太過、勢
성학철 수범람 희토제방
成涸轍。水泛濫、喜土堤防。

겨울 水는 水가 사령하여 당권하니 火를 만나면 따뜻해지고 한기가 제거되며 土를 보면 형태를 감추고 化하게 된다. 金이 많으면 오히려 義가 없고 木이 성하면 유정하다고 말한다. 土가 지나치게 많으면 철저하게 물이 마른다. 水가 범람하면 土 제방을 기뻐한다.

∴ 旺水가 木으로 洩氣되면 有情하나 冬水는 生意가 없으므로 겨울철의 水는 火가 핵심이다.

■ 三春壬水 (삼춘임수)

정월임수 왕양지상 능병백천지류 연수성유약 의
正月壬水, 汪洋之象, 能幷百川之流, 然水性柔弱, 宜
용경금지원 서불치왕양무도 유경병무 삼자제투 과
用庚金之源, 庶不致汪洋無度。有庚丙戊, 三者齊透, 科

甲功名。或庚戊藏支, 丙坐寅支者, 亦有恩誥, 則一庚透, 貢監有之。

寅月 壬水는 넓은 바다의 象으로 능히 百川의 흐름을 합할 수 있으나 水性은 유약하여 마땅히 金을 水의 근원으로 쓰니 水가 왕양하여 절도가 없는 상태에는 이르지 않는다. 庚丙戊 삼자가 모두 투하면 과갑하여 공명을 이룬다. 혹 庚戊가 지지에 암장되고 丙火가 寅에 좌하면 역시 은고가 있고 하나의 庚金이 투하면 공감은 한다.

∴ 庚金은 水源으로 丙火로는 寒氣를 제거하고 戊土로는 汪洋한 水의 흐름을 막으면 왕양해도 지나칠 일이 없다.

凡壬日無比肩羊刃者, 不必用戊, 專用庚金, 以丙爲佐.

무릇 壬일주가 比肩과 羊刃이 없으면 戊土가 필요 없고 庚金을 전용하며 丙火로 보좌한다.

或見比劫, 又有庚辛, 此弱極復旺, 又宜制伏。戊透、可云科甲。戊藏、則是秀才。然必丙透不合、爲妙。

혹 比劫이 있고 또 庚辛이 있으면 극악한 것이 다시 旺해진 것이니 제복함이 마땅하다. 戊土가 투하면 과갑할 수 있고 戊가 암장되면 수재이다. 그러나 丙火가 투하고 合되지 않아야 묘하게 된다.

∴ 壬水에 丙火는 殺印(戊庚)의 존재여부 불문하고 무조건 있어야 길하다.

혹지견다무, 우유갑출간, 명일장당관, 군사자복, 주
或支見多戊, 又有甲出干, 名一將當關, 群邪自伏, 主
광명뢰락, 명중백료, 혹지성화국, 석불봉시, 주명리개
光明磊落, 名重百僚。或支成火局, 惜不逢時, 主名利皆
허, 문장해속, 용경자, 토처경자, 용병자, 목처화자
虛, 文章駭俗。用庚者, 土妻庚子。用丙者, 木妻火子。
용무자, 화처토자
用戊者, 火妻土子。

地支에 戊土가 많고 또 甲木이 출간하면 일장당관(一將當關)으로 사악한 무리가 스스로 복종하고 현자로 도량이 넓어 백관들 중에서 명성이 높다. 혹 地支에 火局을 이루면 애석하게 때를 만나지 못한 것이니 명리가 모두 헛되고 문장으로 세상을 놀라게 한다. 庚金을 용하면 土가 처요 庚이 자식이다. 丙火를 용하면 木이 처요 火가 자식이다. 戊를 용하면 火가 처요 土가 자식이다.

이월임수, 한기초제, 유 류지상, 불용병난, 전취무
二月壬水, 寒氣初除, 有并流之象, 不用丙暖, 專取戊

土辛金。二月壬水，先戊後辛，庚金次之。

卯月 壬水는 한기가 처음으로 제거되어 물이 합쳐 흐르는 상이니 丙火의 온난함을 쓰지 않고 戊辛을 전용한다. 卯月 壬水는 먼저 戊土를 쓰고 다음 辛金을 쓰며 庚金은 그 후에 쓴다.

∴ 卯月 壬水는 死地가 되고 木이 당왕하여 신약하다 따라서 庚辛金으로 보좌하면 財를 감당할 수 있다.

戊辛兩透，雁塔題名。戊透辛藏，亦有恩誥。或戊辛不透，有庚出干者、主富。或支成木局，有庚透者，金榜題名。庚在支者，異途之仕。

戊辛이 모두 투하면 안탑제명(雁塔題名)하고 戊土가 투하고 辛이 암장되면 역시 은고가 있다. 혹 戊辛이 투하지 않고 庚金이 출간하면 주로 부유하다. 혹 地支에 木局을 이루고 庚金이 투하면 금방제명(金榜題名)한다. 庚이 지지에 있으면 이도로 벼슬한다.

雁塔題名 : 과거에 급제한 사람의 이름을 게시한 탑
金榜題名 : 과거에 급제한 사람의 이름을 게시한 방

或木出火多，名木盛火炎，須比肩羊刃，尤宜水透，富貴恩榮。乏水者則否。

혹 木이 출하고 火가 많으면 木盛火炎 하니 필히 比肩羊刃이 필요하고 水가 투해야 부귀와 은영이 있다. 水가 부족하면 그렇지 않다.

或比肩重重，又須戊土，書曰：土止流水福壽全。若戊不見，名水泛木浮。一生辛苦，再行水運，落水身亡。或甲乙重重無比肩者，此依人度日，全無作爲。若見庚辛，飢寒可免.

혹 比肩이 중중하면 반드시 戊土가 있어야 한다. 書에 이르길 "土가 흐르는 물을 막으면 복수가 완전하다"고 했다. 만약 戊土가 없으면 수범목부라 하여 일생 辛苦하고 재차 水運으로 가면 물에 떨어져 죽는다. 혹 甲乙이 중중하고 比肩이 없으면 타인에 의지하여 하루하루를 보내니 이루는 것이 없다. 만약 庚辛金을 보면 배고픔과 추위는 면한다.

三月壬水，戊土司權，恐有推山填海之患，先用甲疏季土, 次取庚金. 甲庚俱透, 科甲定然。甲透庚藏, 修齊品格. 甲藏有根, 可云俊秀。有癸滋甲, 必主干城。獨甲藏支, 必富. 獨庚在柱, 常人。無甲、剛暴之徒。乏庚、愚頑之輩.

辰月 壬水는 戊土가 사권하니 산을 밀어 바다를 메우는 우환이 있을까 두려우니 먼저 甲木을 용하여 四季의 土를 소토하고 이후에 庚金을 취한다. 甲庚이 모두 투하면 과갑이 당연하다. 甲木이 투하고 庚이 암장되면 수신제가하여 품격이 있다. 甲이 암장되고 유근하면 뛰어난 수재라 할 수 있다. 癸水가 있어 甲木을 자윤하면 필히 干城이 된다. 하나의 甲만 地支에 암장되면 필히 부유하고 하나의 庚金만 사주에 있으면 평상인이다. 甲木이 없으면 강폭한 무리고 庚金이 없으면 우둔하고 완고한 무리다.

∴ 甲木의 暗藏은 寅과 亥를 말한다.

或時干透丁者, 此爲化合, 助火而不助水, 見丁未一理。或支成四庫, 乏甲者, 名殺重身輕, 終身有損。凡水

왕다견경금자 내무용지인 수병제지방묘
旺多見庚金者, 乃無用之人, 須丙制之方妙。

혹 時干에 丁火가 투하면 丁壬 化合하여 火를 돕지만 水를 돕지 않는다. 丁未를 보아도 같은 이치다. 혹 지지에 辰戌丑未를 이루고 甲木이 없으면 "살중신경"이라 하여 종신토록 몸에 손상이 있다. 무릇 水旺하고 庚金을 많이 보면 쓸모없는 사람이 되니 필히 丙火로 제해야 묘함이 있다.

∴ 지지에 木局을 이루면 庚金으로 제해야하고 水局을 이루면 戊土로 제해야 하는데 이때 庚金이 투하면 丙火로 제해야 한다.

■ 三夏壬水 (삼하임수)

사월임수 병화사권 수약극의 전취임수비견위조
四月壬水, 丙火司權, 水弱極矣, 專取壬水比肩爲助,

차취신금발원 차암합병화 경금위좌 임신량투 금방
次取辛金發源, 且暗合丙火, 庚金爲佐。壬辛兩透, 金榜

유명 혹계신량출 가이갑투 역주이로지영 무갑자
有名, 或癸辛兩出, 加以甲透, 亦主異路之榮。無甲者、

부귀문하지객
富貴門下之客.

巳月 壬水는 丙火가 사권하여 水가 아주 약하니 壬水 比肩을 취하여 돕고 다음으로 辛金을 취하여 발원으로 삼는데 丙을 암합하면 庚金으로 보좌한다. 壬辛이 모두 투하면 금방(金榜)에 이름이 있고 혹 癸辛이 모두 투하고 더해서 甲木이 투하면 역시 이로로 영화가 있다. 甲木이 없으면 부귀한 집의 손님에 불과하다.

如無壬，木少火多者，又作棄命從財格，因妻致富。癸透者殘疾.

혹 壬水가 없고 木이 적은데 火가 많으면 棄命從財格이 되면 妻로 인해 富를 이룬다. 癸水가 투하면 질병이 있다.

∴ 癸水가 透하면 滴水가 메말라 殘病이나 夭折한다.

或四柱多金得地，則極弱復强，須用巳中戊土，亦主名利雙全。或異途之貴。若見一甲藏寅，與巳相刑，主有暗疾，名利皆虛，不能創立。或多甲乙，有庚出干者、貴。無庚者否。或支成水局、大貴。

혹 사주에 많은 金이 得地하면 극약이 다시 강해지니

필히 巳中에 戊土를 용하면 명리쌍전 하거나 혹 이도의 貴가 있다. 하나의 甲木이 寅에 암장되면 巳火와 서로 刑이되어 暗疾이 있고 명리가 모두 헛되고 창립할 수 없다. 혹 甲乙木이 많고 庚金이 출간하면 貴하고 庚이 없으면 그러하지 않다. 혹 地支에 水局을 이루면 대귀하다.

∴ 地支에 寅이 있으면 巳火와 刑을 하여 巳中 戊土를 손상하고 金이 많아도 증폭된 火氣가 두렵다는 얘기다.

五月壬水, 丁旺壬弱, 取癸爲用, 取庚爲佐。無庚不能發水, 無癸不能傷丁。五月壬水, 辛癸亦可參用, 其理與四月皆同.

午月 壬水는 丁火가 왕하고 壬水는 약하여 癸水를 취하고 庚金으로 보좌한다. 庚金이 없으면 水를 발할 수 없고 癸가 없으면 丁을 상하게 하지 못한다. 午月 壬水는 辛癸를 참작해서 용하며 그 이치는 巳月과 모두 같다.

∴ 巳月 壬水는 丙戊가 당령하기 때문에 壬辛을 위주로 하나 午月 壬水는 丁己가 당령하여 庚癸를 위주로 한다. 즉 午中의 丁이 壬을 合해 오는 것을 우려해 먼저 癸를 取하는 것이다.

庚癸兩透，科甲必然，庚壬兩透，官居極品。有庚無壬癸者、常人.

庚癸가 모두 투하면 과갑은 당연하고 庚壬이 모두 투하면 관이 극품에 이르나 庚金은 있고 壬癸가 없으면 평상인이다.

或支成火局、全無金水，名財多身弱，富屋貧人。若又甲乙多者，僧道之命。

혹 지지에 火局을 이루고 金水가 전혀 없으면 재다신약으로 부옥빈인(富屋貧人)이다. 만약 또 甲乙이 많으면 승도의 명이다.

六月壬水，己土當權，丁火退氣，先用辛金癸水，次用甲木劈土. 六月壬水，先辛後甲，次取癸水。辛甲兩透，富貴淸高. 甲藏辛透，貢監生員。辛藏甲透，異途武職。甲壬兩透，無傷，有治國之貴。卽甲藏壬出無破，是拾芥之才. 或支多土火，又只淸貧。

未月 壬水는 己土가 당권하고 丁火가 퇴기하여 먼저 辛癸를 쓰고 다음으로 甲木으로 벽토(壁土)해야 한다. 未月 壬수는 먼저 辛金을 다음 甲木을 쓰며 그 다음에 癸水를 쓴다. 辛甲이 모두 투하면 부귀하고 청고하나 甲이 암장되고 辛金이 투하면 공감이나 생원은 한다. 辛이 암장되고 甲木이 투하면 이도로 무직을 한다. 甲壬 모두 투하고 상하지 않으면 치국의 귀가 있다. 즉 甲이 암장되고 壬水가 출하고 파하지 않으면 즉 습개의 재능은 있다. 지지에 火土가 많으면 단지 청빈하다.

∴ 辛金으로 수원을 발하고 甲木으로 己土를 제하여야 한다. 己土가 壬水를 탁하게 할 염려가 있어 甲木을 취하지만 癸水가 甲木을 윤택하게 해야 유용하다. 습개는 진사정도의 신분을 의미한다.

或一派己土, 此假從殺格, 爲人奸詐, 且主孤貧, 得甲乙出制可救. 凡土居生旺之地, 須用木制方妙。或支成木局, 洩水太過, 當用金水爲貴, 以金爲妻、水爲子。

혹 한 무리의 己土가 있어 가종살격이면 인물이 간사하고 고빈하니 甲乙이 제하면 구제 받을 수 있다. 무릇 土가 생왕지에 있으면 마땅히 木을 用하여 제해야 묘하다. 지지에 木局을 이루면 水의 설기가 지나쳐 당연히 金水를 용해야 귀하니 金이 처가 되고 水가 자식이 된다.

∴ 壬水는 戊土를 보아야 眞從을 이룰 수 있다. 己土는 壬水를 濁하게 할 수는 있어도 제할 수는 없다. 니토(泥沙)가 잡되면 간교하여 남을 잘 속인다.

■ 三秋壬水

七月壬水, 庚金司令, 壬得申之長生, 源流自遠, 轉弱爲強, 專用戊土, 次取丁火佐戊制庚。但用辰戌之戊, 不用申中受病之戊。戊丁俱透, 科甲生員。戊透天干, 丁藏午戌, 恩封可待, 特忌戊癸化合。卽支見寅戌, 年出丁火, 可許衣衿. 或丁戊兩藏, 富中取貴。

申月 壬水는 庚金이 사령하고 壬水가 申의 장생이니 근원이 멀리서 흘러와 약이 강으로 바뀌어 戊土를 전용하고 다음 丁火를 취해서 戊를 보좌하고 庚金을 제한다. 단 辰戌의 戊만 用하고 病이 있는 申중의 戊는 不用한다.

戊丁이 모두 투하면 생원에 합격한다. 戊가 천간에 투하고 丁이 午戌에 암장되어도 은봉은 기대할 수 있으며 특히 戊癸가 化合하는 것을 꺼린다. 그리고 지지에서 寅戌이 있고 年干에 丁火가 출하면 의금은 허락된다. 혹 丁戊가 모두 암장되면 부중취귀(富中取貴)하게 된다.

或四柱多壬戊又透干，名假殺化權，閬苑之仙。支中見甲，亦不忌也. 但太多者、常人。有庚居申，頗有衣祿。

혹 사주에 壬水가 많고 또 戊土가 투간 하면 가살화권이라 하여 낭원의 신선과 같다. 지지에 甲木을 보아도 역시 꺼리지 않으나 단 지나치게 많으면 평상인이다. 庚金이 申에 거하니 꽤 의록이 있다.

∴ 戊土의 殺이 적으면 正官의 작용을 하므로 권위가 있는 것이다. 지지에 甲이 태다하면 申중의 庚으로 제하기 부족하니 평범해진다.

或戊多而透，得一甲制，略貴，無甲常人。或一派甲木，又見火多，無庚出者，別祖離鄕，隨緣度日。蓋申中之庚，不能救也。七月壬水，專用戊土。丁火爲佐。

혹 戊土가 많이 투하면 하나의 甲木으로 제하면 대략

귀하고 甲이 없으면 평상인이다. 한 무리의 甲木이 있고 또 火가 많고 庚金이 출하지 않으면 조상과 고향을 떠나며 인연 따라 하루를 보낸다. 申중의 庚金으로는 구제할 수 없다. 申月 壬水는 戊土를 전용하고 丁으로 보좌한다.

八月壬水, 辛金司權, 正金白水淸, 忌戊土爲病, 專用甲木. 甲木一透制戊, 壬水澈底澄淸, 名高翰苑。若甲出時干, 功名顯達, 設見庚破, 又屬常人。卽甲藏之、無庚, 秀才可許.

酉月 壬水는 辛金이 사권하여 금백수청 하니 戊土가 病이 되므로 甲木을 전용한다. 甲木이 하나 투하여 戊를 제하면 壬水는 철저하게 맑고 푸르러 한원에 이름이 높다. 만약 甲木이 時干에 출하면 공명현달하고 庚金을 보아 파하면 평상인이다. 만일 甲이 지지에 암장되고 庚金이 없으면 수재는 가능하다.

∴ 申月 壬水는 庚金과 祿이 상생하여 충분(沖奔)하는 성질이 있기 때문에 戊土를 취하고 酉月의 壬水는 敗地에 해당하여 旺하지도 弱하지도 않다. 만일 壬이 申亥에 통근되면 金白水淸을 짓지도 않는다.

或天干有壬，支見申亥，此非用甲，戊土作用。亥雖有甲，又有申中之金制甲，秀才一定，且富足多才。

혹 천간에 壬水가 있고 지지에 申亥가 있으면 甲木을 용하지 않고 戊土를 용한다. 비록 亥중에 甲木이 있으나 申중에 金이 있어 甲木을 제하니 수재는 틀림없고 또 富는 풍족하고 재주는 많다.

或無戊、多金水者，主人清才濁，困苦寒儒。無甲用金，發水之源，名獨水三犯庚辛，號曰體全之象。 八月壬水，專用甲木，庚金次之。用甲者，水妻、木子。

혹 戊土가 없고 金水가 많으면 사람은 청하나 재주는 없어 곤고하고 가난한 선비다. 甲木이 없어 庚金을 용하면 水가 發하는 근원이니 “獨水가 세 번 庚辛을 침범하면 體全之象”이라 한다. 酉月 壬水는 甲木을 全用하고 庚金은 그 다음이다. 甲木을 用하면 水가 처요 木이 자식이다.

九月壬水進氣，其性將厚，若一派壬水，見一甲、制戊中之戊，戊又出干，斯用丙火。此格清貴極矣，正合一將當關，群邪自伏，或不見丙戊，亦不爲妙。

戌月 壬水는 진기하니 그 성정은 장차 두텁게 되어 만약 한 무리의 壬水가 甲木을 보면 戌중의 戊토를 제하고 또 戊土가 출간하면 丙火를 용한다. 이런 격은 청귀가 지극하여 바로 "일장당관"에 합치되니 사악한 무리는 스스로 굴복하고 丙戊를 보지 못하면 역시 묘함이 없다.

∴ 壬水가 신왕하고 甲丙戊가 모두 투하면 戊는 칠살로 당령하고 丙火의 생함이 있으니 甲木으로 식신제살하므로 일장당관이라 한다. 이때 천간의 배열이 잘되어야 한다.

或一派戊土，無一己庚雜亂，得一甲透時干， 玉堂淸貴，卽甲透月上，亦主科甲。若支藏己土，一榜可圖。或庚透乏丁，貧賤之人。

혹 한 무리의 戊土가 있고 己庚이 잡난 하지 않고 하나의 甲木이 時干에 투하면 옥당에 청귀함이 있다. 즉 甲木이 月干에 透해도 역시 科甲한다. 만약 地支 장간에 己土가 암장 되어도 一榜은 도모한다. 혹 庚金이 투하고 丁火가 없으면 빈천한 사람이다.

∴ 甲木이 용신인데 己庚으로 잡되지 않아야 청귀하고 時干에 투해야 제살이 완전하고 月干에 투하면 天干의 배열이 적절해야 한다.

或丁透見甲，畧貴。或水多乏丙者，又用戊土，常人。

九月壬水，專用甲木，次甬丙火。用土者，火妻土子。

혹 丁火가 투하고 甲木이 있으면 대략 貴하다. 혹 水가 많은데 丙이 없는데 戊土를 用하면 평상인이다. 戌月 壬水는 오직 甲木을 쓰고 그 다음 丙火를 쓴다. 土를 용하면 火가 처요 土가 자식이다.

∴ 戌月 壬水는 進氣하여 동토한수(凍土寒水)의 우려가 있으므로 丙火가 있어야 한다.

■ 三冬壬水

十月壬水司權，至旺之極，取戊爲用，若生辰日干，又見辰時，必須戊透，又須庚制甲，不傷戊土，戊庚兩全，定主登科乃第，位顯權高。或甲出制戊，不見庚救者，斷之困窮。戊藏無制, 可許生員。或戊庚兩透無甲者, 亦主榮顯.

亥月의 壬水는 壬이 사권하여 旺함이 극에 이르니 戊土를 취해서 쓴다. 만약 壬辰일주가 또 時에 辰을 보면 필히 戊土가 투해야 하고 庚金이 甲을 제하면 戊土가 상하지 않는다. 戊庚이 모두 온전하면 정히 등과급제하고 지위와 권세가 높다. 혹 甲木이 출하여 戊를 제하는데 庚金의 구제가 없으면 단연 곤궁하다. 戊土가 암장되었는데 甲木이 제하지 못하면 생원은 된다. 혹 戊庚이 모두 투하고 甲木이 없으면 역시 영화롭고 현달한다.

∴ 亥月 壬水 식신제살을 취하지 않고 재자약살을 취한다. 庚金이 투야 되는 것은 亥에서 장생이 된 甲木의 氣를 막아야 하기 때문이다.

或支成木局, 有甲乙出干, 得庚透者, 富貴。無庚者、平常. 或支成水局, 不見戊己, 名潤下格, 運行西北, 大富貴, 行東南者、必危。或丙戊兩透, 行火土運, 名利雙全. 或有丙無戊, 可云衣祿。有戊無丙, 難許推盈。十月壬水、專用戊丙，次取庚金。

혹 地支에 木局을 이루고 甲乙이 出干했는데 庚金이 투하면 부귀하다. 庚金이 없으면 평상인이다. 혹 지지에 水局을 이루고 戊己를 보지 못하면 윤하격 이라 하고 運이 西北으로 가면 크게 부귀하고 東南으로 가면 필시 위태롭다. 혹 丙戊 모두 투하고 運이 火土 運으로 가면 명리가 쌍전한다. 혹 丙火가 있고 戊가 없으면 의록은 있다. 丙이 없고 戊土가 있으면 부유함은 어렵다. 亥月 壬水는 오직 戊丙를 쓰고 다음으로 庚金을 취한다.

十一月壬水，陽刃幫身，較前更旺，先取戊土，次用丙火，丙戊兩透，富貴榮華。有戊無丙，畧可言富。有丙無戊，好謀無成.

子月 壬水는 양인이 도우니 亥月에 비교하면 재차 旺하므로 먼저 戊土를 취하고 그 다음 丙火를 쓰고 丙戊가 모두 투하면 부귀하고 영화롭다. 戊土가 있고 丙이 없으면 대략 부유하다고 말할 수 있다. 丙火가 있고 戊가 없으면 모사는 좋아하나 이루는 게 없다.

∴ 子月 壬水는 월령이 羊刃으로 亥月과 건록의 용

법과 같으나 丙火보다 戊土를 우선시 한다.

혹지성수국, 병불출간, 즉유무토, 역시용인, 혹병투
或支成水局, 丙不出干, 則有戊土, 亦是庸人。或丙透
득소, 즉무장지, 역가현달, 수운득용방묘, 혹지성화
得所, 則戊藏支, 亦可顯達, 須運得用方妙。或支成火
국, 일부이이
局, 一富而已.

혹 지지에 水局을 이루고 丙火가 출간하지 않으면 戊土가 있어도 평상인이 된다. 혹 丙火가 투하여 득소하고 戊土가 지지에 암장되면 역시 현달하나 마땅히 運을 얻어야 묘함이 있다. 혹 地支에 火局을 이루면 갑부가 된다.

∴ 여기서 득소는 록을 얻어 旺해지는 것을 말하니 즉 地支에 巳戌이 있는 것을 말하며 運에서 얻어야 된다. 子月 壬水에 地支 火局을 지으면 身旺財旺하여 갑부가 된다.

혹비견월시, 년견정화, 평상지배, 지성사고, 부귀중
或比見月時, 年見丁火, 平常之輩。支成四庫, 富貴中
인, 혹정출시간, 명위쟁합, 주명리난성
人. 或丁出時干, 名爲爭合, 主名利難成。

혹 月時에 比肩을 보고 年에 丁火를 보면 평상인이고 지지에 사고를 이루면 부귀한 사람이다. 時干에 丁火가 투하면 爭合이라 하고 명리를 이루기 어렵다.

∴ 年干에 丁火가 있고 지지에 사고 특히 戊土가 있으면 재고(財庫)가 되어 길하다.

或壬子日、丁未時, 雖不能科甲, 亦有恩榮, 何也, 蓋用子中癸水爲官, 號曰用神得地, 亦主榮華。十一月壬水, 丙戊並用.

혹 壬子日 丁未時 生이면 비록 과갑은 아니라도 역시 은영은 있다. 子중 癸水를 관으로 삼아 用하면 "用神이 得地 했다"고 말하며 역시 영화는 있다. 子月 壬水는 丙戊를 함께 用한다.

∴ 병립된 子宮의 癸水가 戊土의 허신을 합해오는 힘이 있기 때문이다. 또한 暗火의 기를 발생시켜 마치 丙戊와 같다는 것이다. 用神 得地는 이를 두고 한말이다. 즉 子巳 特合을 논한 것이다.

十二月壬水, 旺極復衰, 何也? 上半月癸辛主事, 故旺, 專用丙火. 下半月己土主事, 故衰。亦用丙火, 甲木佐之.

丑月 壬水는 旺함이 극에 달하여 다시 쇠해지는데 어째서인가? 上半月에는 癸辛이 일을 주관하므로 旺하여

丙火를 전용한다. 下半月에는 己가 일을 주관하므로 쇠하니 역시 丙을 용하고 甲으로 보좌한다.

∴ 上半月은 水가 12일 동안 왕하고 下半月은 土가 18일 동안 왕하다. 甲木은 己가 壬水를 탁하게 하는 것을 막기 위해서이고 丑月 壬水에 丙火가 있으면 名利가 모두 있다.

有丙解凍, 名利雙全。丙透甲出, 科甲之貴, 然四柱無壬、方妙. 無丙、單寒之士。或四柱多壬, 戊透制之, 衣衿可望.

丙火가 있으면 해동하여 명리가 쌍전하다. 丙火가 투하고 甲木이 출하면 과갑하여 귀가 있고 사주에 壬水가 없으면 묘함이 있다. 丙火가 없으면 단지 가난한 선비다. 혹 사주에 壬水가 많으면 戊土가 투하여 제하여야 의금을 기대할 수 있다.

或丁出時干, 化合成木, 月干又見丁火, 無癸破格, 亦主富貴。或支成金局, 不見丙丁, 名金寒水凍, 一世孤貧, 見火略可. 則丙透遇辛, 亦不爲妙, 見丁頗吉。

혹 丁火가 時干에 나타나면 合化하여 木을 이루는데 月干에 또 丁火를 보고 癸水가 없으면 파격이지만 부귀하다. 혹 지지에 金局을 이루고 丙丁火를 보지 못하면 "金寒水凍"이라하며 일생동안 외롭고 가난하며 火를 보면 대략 가망은 있다. 丙이 투하고 辛을 만나면 역시 묘함이 없지만 丁火를 보면 꽤 吉하다.

랍월임수 선취병화 정갑위좌 고수랭금한애병정
臘月壬水，先取丙火，丁甲爲佐，故水冷金寒愛丙丁。
용화자 목처화자
用火者，木妻火子。

丑月 壬水는 먼저 丙화를 취하고 丁甲으로 보좌한다. 수냉금한은 丙丁火를 좋아하기 때문이다. 火를 용하면 木이 처요 火가 자식이다.

∴ 金旺하면 丙火가 투출해야 하나 辛金이 있으면 丁火가 있어야 吉하다.

수왕거원수유지 수토혼잡필우완 임계로경남역 주
水旺居垣須有智，水土混雜必愚頑。壬癸路經南域、主
건 부귀감도 우운 유유수목상관격 재관상견시위
健、富貴堪圖. 又云： 惟有水木傷官格，財官相見始爲
환
歡.

水가 旺하여 담장에 머무르면 지혜가 있고 水土가 혼

잡하면 필히 어리석고 완고하다. 壬癸가 運이 南方으로 향하면 주로 건강하고 부귀하다. 또 이르기를 "생각건대 水木傷官格이 재관이 모두 있어야 비로소 기뻐하게 된다."

∴ 담장에 머문다는 것은 水가 月令에서 당왕한 것을 말한다. 水淸하면 知慧롭고 己土가 혼탁하면 어리석고 고집이 세다.

■ 三春癸水

正月癸水, 値三陽之後, 雨露之精, 其性至柔, 先用辛金, 生癸水之源, 次用丙火照暖, 名陰陽和合, 萬物發生. 辛丙兩透, 金榜有名。

寅月 癸水는 三陽이 지난 때이니 우로의 精이 있어 그 性情은 지극히 유(柔)하다. 먼저 辛金을 용하여 癸水의 근원으로 하고 다음 丙火를 用하여 조난하면 음양이 화합하고 만물이 발생한다. 辛丙이 모두 투하면 금방(金榜)에 이름이 오른다. 즉 과갑한다.

∴ 癸水는 우로지만 亥子를 보면 충분히 강호를 이루고 여기에 辛金이 발원하면 흐름이 끊이지 않아 유약하지 않다.

或支成火局, 辛金受傷, 有壬出救者, 富貴. 無壬者, 貧窮. 或丙出天干, 辛在酉丑, 亦有衣衿. 若辛丙皆無, 貧寒下格. 或辛透丙藏, 恩榮之造. 丙辛在柱, 以富得官.

혹 지지에 火局을 이루면 辛金이 손상을 받는데 壬水가 출간하여 구제하면 부귀하고 壬이 없으면 빈곤하다. 혹 丙火가 天干에 투하고 辛이 지지의 酉丑에 있으면 역시 의금은 있다. 만약 丙辛이 모두 없으면 빈한하고 하격이다. 혹 辛金이 투하고 丙이 암장되면 은영이 있는 명조다. 丙辛이 사주에 있으면 富로 官을 얻는다.

或戊透月上、坐辰時, 不見比劫, 丙丁出干, 此爲化合, 定主腰金, 見刑沖則否。或支成水局, 宜有丙透, 無壬者, 衣祿不少。若見丙火重重, 又作貴推。

혹 戊土가 月干에 투하고 辰時에 좌하고 比劫이 없고 丙丁이 出干하면 合化하여 반드시 허리에 금띠를 두르나 刑沖이 있으면 그렇지 않다. 혹 地支에 水局을 이루면 마땅히 丙火가 투하고 壬水가 없어야 의록이 적지 않고, 만약 丙火가 重重하면 또한 貴를 이룬다고 추리한다.

∴ 癸水는 매우 약해서 戊土를 보면 반드시 合이 된다. 化神을 거스르는 오행이 있으면 化格이 파격이 된다. 地支水局에 丙火가 투하고 壬水가 있으면 투한 丙火를 쟁재하여 하천한 명조가 된다.

정월계수 신금위주 경금차지 병역불가소 약무경
正月癸水, 辛金爲主, 庚金次之, 丙亦不可少。若無庚
신 수유병화 무용지인 혹화다토다 잔질불면 용신
辛, 雖有丙火, 無用之人。或火多土多, 殘疾不免。用辛
자 토처 금자
者, 土妻、金子.

寅月 癸水는 辛金이 主로 삼고 庚金은 그 다음이며 丙火 역시 적으면 안 된다. 만약 庚辛이 없고 비록 丙火가 있어도 無用之人이다. 혹 火土가 많으면 질병을 면할 수 없다. 辛을 用하면 土가 처요 金이 자식이다.

이월계수 불강불유 을목사령 설약원신 전이경금
二月癸水, 不剛不柔, 乙木司令, 洩弱元神, 專以庚金
위용 신금차지 경신구투 무정출간자 귀유과갑 무
爲用, 辛金次之。庚辛俱透, 無丁出干者, 貴由科甲。無
경신자상인 혹경투신장 영봉유준 경장신투 역유의
庚辛者常人. 或庚透辛藏, 榮封有准。庚藏辛透, 亦有衣
금 경신량장 부중취귀 혹도필양명 혹경신중견 유
衿. 庚辛兩藏, 富中取貴, 或刀筆揚名。或庚辛重見, 有

己丁出干者亦貴。

卯月 癸水는 강하지도 약하지도 않고 乙木이 司令하여 元神을 설하고 약하게 하니 오직 庚金으로 용신을 삼고 辛金은 차선이다. 庚辛이 모두 투하고 丁火가 出干하지 않으면 과갑으로 귀하게 되고 혹 庚辛이 없으면 평상인이다. 혹 庚金이 투하고 辛이 암장되면 은영은 있고, 庚이 암장되고 辛金이 투하면 의록은 있다. 庚辛이 모두 암장되면 富中取貴 하거나 혹 도필로 이름을 날린다. 혹 庚辛을 거듭 보고 己丁가 天干에 出干하면 역시 귀하다.

∴ 卯月 癸水는 木이 당왕하니 印綬가 없으면 흉하고, 乙庚이 상합하니 庚辛을 같이 쓴다. 庚辛이 太多하면 癸水는 약변강이 되고 月令 乙木은 무력해지니 체용이 변하여 財官이 상생하여 격을 이룬다. 즉 庚辛을 丁火로 제하고 壬水 劫財가 투하지 않는 한 戊土 대신 己土를 취한다.

或支成木局, 月時又見木者, 爲洩水太過, 定主貧困多災. 卽運入西方, 亦屬無用。

혹 지지에 木局을 이루고 月時에 木을 보면 水氣의 설기가 지나쳐 반드시 빈곤하고 재액이 많다. 運이 西方으로 들어도 역시 쓸모가 없다.

三月癸水，要分淸明穀雨。淸明後、火氣未熾，專用丙火，爲陰陽合諧。穀雨後，雖用丙火，尙宜辛甲佐之。如辛卯、壬辰、癸未、丙辰，生上半月，用丙火、顯達。生下半月，必無傷辛金癸水、方妙。然丙亦不可少。用丙、木妻、水子.

辰月 癸水는 淸明 穀雨로 구분한다. 淸明후에는 火氣가 아직 치열하지 않으니 丙火를 전용하면 陰陽이 和合하여 어울리게 된다. 穀雨후에는 비록 丙火를 用해도 오히려 辛甲으로 보좌함이 마땅하다. 만약 辛卯年 壬辰月 癸未日 丙辰時 生은 上半月에 生하면 丙火를 用하여 현달하고, 下半月에 生하면 필히 辛癸의 상함이 없어야 묘하다. 그러나 丙火 역시 적어서는 불가하다. 丙火를 용하면 木이 처요 水가 자식이다.

∴ 보통 辰戌丑未月에 태어나면 上半月과 下半月로 나누어 살펴야 좋고 나쁨을 논할 수 있다.

三月癸水，從化者多，得化者榮祿。不化者平常。或支成水局，又見己土、無木，乃假殺格，有甲出者、常人。

或支坐四庫, 又得甲透, 可謂顯達名揚。無甲者僧道孤苦。或支成木局, 無金, 名傷官生財格, 主聰明博學, 衣祿充饒.

辰月 癸水는 從化되는 경우가 많아 從化되면 영록이 있다. 從化되지 않으면 평상인이다. 혹 지지에 水局을 이루고 또 己土가 있고 甲이 없으면 가살격이 되고 甲木이 있으면 평상인이다. 혹 지지 四庫에 좌하고 또 甲木이 투하면 현달하여 이름을 날릴 수 있다. 甲이 없으면 僧徒로 고고하다. 혹 지지에 木局을 이루고 金이 없으면 상관생재격으로 총명 박학하고 의록이 풍요롭다.

∴ 癸水는 戊土를 취할 수 없기 때문에 水왕해도 己土를 취해 財官格을 이룬다. 이때 반드시 丙火는 있어야 하고 甲木이 없어야 가살위권(假殺爲權)을 이룬다. 下半月은 丙火가 진기하니 지지에 木局을 이루면 傷官이 왕하여 財를 촉발한다.

三月癸水, 辛甲皆酌用。下半月、土妻金子。

辰月 癸水는 辛甲은 모두 참작해서 쓴다. 下半月에는 土가 처요 金이 자식이다.

∴ 己土를 쓰면 가살위권(假殺爲權)이고 甲木을 쓰

면 상관대살(傷官帶殺)로 成格된다.

삼하계수

■ 三夏癸水

사월계수 희신금위용 무신용경 약신고투 불견정
四月癸水, 喜辛金爲用, 無辛用庚。若辛高透, 不見丁
화 가이임투 주과명영귀 성파사이 약유정파격 빈
火, 加以壬透, 主科名榮貴, 聲播四夷。若有丁破格, 貧
무립추 유임가면 신장무정 공감의금
無立錐, 有壬可免。辛藏無丁, 貢監衣衿。

巳月 癸水는 辛金 쓰는 것을 기뻐하고 辛金이 없으면 庚金을 쓴다. 만약 辛金이 높이 투하고 丁火가 없고 또 壬水가 透하면 과거에 이름이 나고 영화롭고 귀하고 명성이 사방에 퍼진다. 만약 丁火가 있으면 파격이며 가난하여 입추의 여지가 없고 壬水가 있으면 면할 수 있다. 辛金이 암장되고 丁火가 없으면 공감으로 의록은 있다.

∴ 辛金이 없으면 庚金을 취할 수 있으나 자연적인 면에서 효용이 덜하다. 즉 陰은 陰을 陽은 陽을 生해야 자연적이다 고 한다.

혹일파화토핍신 즉유기경 역불능생수 우무비견양
或一派火土乏辛, 則有己庚, 亦不能生水。又無比肩羊

인 필지오건계수 손목무의 약 임량투 설제화토
刃，必至熬乾癸水，損目無疑。若庚壬兩透，洩制火土，
명겁인화진 극귀지조 유정견간자 즉부 여유경무임
名劫印化晉，極貴之造。有丁見干者，則否。如有庚無壬，
역무정파경자 감입유림 유경무신자 이로공명 총지
亦無丁破庚者，堪入儒林。有庚無辛者，異路功名。總之
사월계수 전용신금방묘
四月癸水，專用辛金方妙。

혹 한 무리의 火土가 있고 辛金이 부족하면 설령 己庚이 있어도 역시 水를 生할 수 없다. 또 比肩과 羊刃이 없으면 癸水를 볶아 메마르게 하므로 눈이 손상됨은 의심의 여지가 없다. 만약 庚壬이 모두 투하면 火土를 제하고 설하니 겁인화진 이라 하여 극귀의 명조가 되나 丁火가 투하면 그러하지 않다. 만약 庚金이 있고 壬水가 없는데 또 丁火가 庚을 파하지 않으면 능히 유림에는 들어가고, 庚金이 있고 辛이 없으면 이로로 공명한다. 총론하면 巳月 癸水는 오직 辛金을 써야만 비로소 묘함이 있다.

∴ 겁인화진(劫印化晉)의 晉은 괘명(卦名)으로 火土를 뜻한다. 그러므로 劫印化晉은 "劫印으로 火土를 교화 한다"는 의미를 갖고 있다.

오월계수 지약무근 필수경신위생신지본 단정화사
五月癸水，至弱無根，必須庚辛爲生身之本，但丁火司

權, 金難敵火, 安能滋養癸水, 宜見比劫, 方得辛金之用. 五月癸水, 庚辛壬參酌並用可也。

午月 癸水는 지극히 약하고 근원이 없으니 반드시 庚辛이 日元을 생하는 근본이 되어야 한다. 단 丁火가 사권하여 金이 火를 대적하기 어려우니 어찌 癸水를 능히 자양할 수 있는가? 마땅히 比劫을 있어야 辛金을 얻어 用할 수 있다. 午월 癸水는 庚辛과 壬水을 참작해서 같이 쓸 수 있다.

如庚辛透干, 又見壬癸者, 定主鍾鼎名家。或有金透, 支見申子辰者, 亦主金榜掛名。或無水出干, 支只一水, 雖有庚辛, 一富之造。故曰水源會夏, 富重貴輕。又曰 : 金水會夏天, 富貴永無邊, 運行火土地, 快樂似神仙.

만약 庚辛이 透干하고 또 壬癸를 보면 반드시 종정명가(鐘鼎名家)를 이룬다. 혹 金이 투하고 지지에 申子辰을 보면 金榜에 이름을 건다. 혹 水가 出干하지 않고 地支에 하나의 水만 있으면 비록 庚辛이 있어도 부자의 명조에 불과하다. 그래서 "水源이 여름에 모이면 富가 重하고 貴가 輕하다"고 했다. 또 말하길 "金水가 夏月의 天干에 모이면 富貴가 길고 변화가 없고, 運이 火土의 地支로 가면 쾌락이 神仙과 같다."라고 하였다.

鐘鼎名家 : 군왕의 짝이 될 정도의 명문 귀족 집안.

或支成火局, 無壬出干, 定主僧道。或二壬一庚同透, 衣錦腰金. 或一派己土, 無甲出制, 此作從殺而論, 又主大貴. 凡從殺者, 切不可破格方吉。

혹 지지에 火局을 이루고 壬水가 出干하지 않으면 승도의 명이다. 혹 두개의 壬水와 하나의 庚金이 동시에 투하면 비단옷을 입고 금띠를 두른다. 혹 한 무리의 己土가 있고 甲木이 出하여 제하지 않으면 이는 종살이라고 논하며 또 대귀의 명이다. 무릇 종살격은 절대 파격되지 않는 것이 길하다.

∴ 午月 癸水에 地支 火局을 지으면 終財格을 이루지 않는 한 壬水로 구제해야 한다.

六月癸水, 有上下月之分。下半月庚辛有氣, 上半月庚辛休囚. 凡六癸日、多不驗者, 何也? 俗士不知此理。

因未中有乙己同宮，破而不破，故癸水不能從殺，所以專用庚辛. 如上半月金神衰弱，火氣炎烈，宜比劫助身，可云富貴. 與五月一理。下半月庚辛有氣，卽比劫亦可，又忌丁透，卽在支亦不吉。其生剋制化，與五月略同。

未月 癸水는 上下月로 나눈다. 下半月은 庚辛이 유기하고 上半月은 庚辛이 휴수하다. 무릇 六癸日이 맞지 않는 경우가 많은 것은 어째서 인가? 속사는 이런 이치를 모른다. 未中에 乙己가 동궁에 있기 때문에 파하려고 하나 파하지 못하므로 癸水는 종살하지 못하므로 庚辛金을 전용한다. 만약 上半月은 金神이 쇠약하고 火氣가 염렬하니 마땅히 比劫으로 日元을 도와야 부귀할 수 있어 이것은 午月과 동일한 이치다. 下半月에는 庚辛이 유기하니 比劫이 없어도 가능하지만 또한 丁火가 透出하는 것을 두려워한다. 丁火가 地支에 있어도 불길하다. 그 생극제화는 午月과 대략 동일하다.

■ 三秋癸水

七月癸水, 正母旺子相之時, 癸雖死申, 殊不知申中有庚生之, 名死處逢生, 弱中復强, 卽運行西北, 亦不死也. 但庚司令。剛銳極矣, 必取丁火爲用。或丁透有甲, 名有燄之火, 必主科甲。或丁透無甲, 又無壬癸, 卽有一二庚金, 亦有生監。有二丁更妙。或金多之丁制者, 貧困之人.

申月 癸水는 母旺子相하는 때이니 癸水가 비록 申에서 死하나 申中에 庚金의 生이 있는 것을 알지 못한다. 이를 "사처봉생(死處逢生)"이라 하여 약한 가운데 다시 강해진다는 것이다. 運이 西北으로 가면 역시 죽지 않는다. 단 庚金이 사령하여 강하고 예리함은 극에 달하여 필히 丁火를 취하여 용신으로 삼는다. 혹 丁火가 투하고 甲木이 있으면 "유염지화(有燄之火)"라 즉 불꽃이 있는 火라 반드시 과갑하게 된다. 혹 丁火가 투하고 甲木이 없고 壬癸가 없고 한두 개의 庚金만 있으면 역시 생감은 한다. 두 개의 丁火가 있으면 다시 묘해진다. 혹 金이 많은데

丁火의 제함이 부족하면 빈곤한 사람이다.

或一丁坐午，名獨財格，主金玉滿堂，富中取貴。若在未戌，則是常人。或柱見二戌二未，又得丙丁藏支，干見甲出、無水，亦作富貴而推。

하나의 丁火가 午에 좌하면 독재격이라 하여 금옥만당(金玉滿堂)하여 부중취귀 한다. 만약 丁火가 戌未에 있으면 평상인이다. 혹 四柱에 두개의 戌이나 두 개의 未를 보고 丙丁이 암장되었는데 天干에 甲木이 出하고 水가 없으면 역시 부귀하다 할 수 있다.

∴ 독재격은 甲木이 상생하지 않고 午中 丁火로 이룬 격을 말한다. 甲木이 투하면 土를 파하여 丁火을 살리기 때문이다.

八月癸水，辛金虛靈，非頑金可比，正金白水淸，故取辛金爲用，丙火佐之，名水暖金溫。如丙與辛隔位同透，主科甲功名。或丙透辛藏，一榜之士。或土多剋水，生意中人. 八月癸水，丙辛皆用。

酉月 癸水는 辛金이 허령하므로 완금과는 비교할 바는 아니고 "金白水淸"하니 辛金을 취하여 용신으로 삼고 丙火로 보좌하면 金水가 모두 온난하다고 한다. 만일 辛金과 丙火가 떨어져 같이 투하면 과갑하여 공명을 이룬다. 혹 丙火가 투하고 辛金이 암장되면 과거에 급제하는 선비이고 土가 많아 水를 극하면 中人으로 살아간다. 酉月 癸水는 丙辛 모두 用한다.

∴ 酉月 癸水는 금백수청(金白水淸)하는 때이니 辛金을 용신으로 삼고 丙火로 조후하면 길하다.

九月癸水, 失令無根, 戊土司權, 剋制太過, 專用辛金發水之源, 要比肩滋甲制戊方妙。

戌月 癸水는 월령을 잃고 뿌리가 없다. 戊土가 사권하여 극제함이 지나쳐 辛金을 전용하여 水를 발하는 근원으로 삼는다. 비견이 甲木을 자양하여 甲이 戊土를 제하면 묘함이 있다.

或辛甲兩透, 支見子癸, 定主平步靑雲, 或癸甲兩透, 富貴成名. 或有甲辛無癸者, 亦有恩封。或有甲癸無辛者, 富大貴小. 有甲無癸辛者, 常人。二者俱無, 貧賤之格. 或有甲見壬者, 頗許衣衿。 九月癸水, 辛甲並用。

혹 辛甲이 모두 透하고 地支에 子중 癸水를 보면 평보로 청운의 꿈을 이루고 혹 癸甲이 모두 투하면 부귀하고 명성을 이름을 얻는다.

혹 甲辛이 있고 癸水가 없으면 역시 은봉은 있다. 혹 甲癸가 있고 辛金이 없으면 富는 크고 貴는 작다. 甲木이 있고 癸辛이 없으면 평상인이다. 두가지(甲과 癸辛) 모두 없으면 빈천한 격이 된다. 혹 甲木이 있고 壬水를 보면 괘 의록은 있다. 戌月 癸水는 辛甲을 같이 쓴다.

∴ 戌月 癸水는 戊土가 매우 왕성하여 甲木이 病을 제거하는 藥으로 쓰므로 없으면 凶하다. 辛甲癸로 용신을 삼는데 辛金으로 癸를 生하고 癸水로 甲木을 자양(滋養)하여 戊土를 제한다.

■ 三冬癸水

十月癸水, 旺中有弱, 何也? 因亥搖木, 洩散元神, 宜用庚辛爲妙。得庚辛兩透, 不見丁傷者, 功名有准。

亥月 癸水는 왕한 가운데 약함이 있다 어째서 그런가? 亥가 木을 동요시켜 元神을 설기하고 산기 하므로 마땅히 庚辛을 용하면 묘함이 있다. 庚辛이 모두 투하고 丁火의 상함이 없으면 공명이 있다.

∴ 원신(元神) 癸水가 설산(洩散)되어 약하므로 庚辛으로 용신을 삼아 발원해야 한다.

或支成木局, 有丁出干, 爲木旺火相, 制主庚辛不生水, 必主淸寒. 或成木局, 干見丙丁, 異路之榮。或一派壬水, 不見戊制, 名冬水汪洋, 奔波到老。若得戊透, 淸貴堪誇.

혹 지지에 木局을 이루고 丁火가 출간하면 木旺火相하여 제복당하는 庚辛은 水를 生할 수 없어 필시 청렴하지만 가난하다. 혹 지지에 木局을 이루고 天干에 丙丁火를 보면 이로로 영화가 있다. 혹 한 무리의 壬水를 보고 戊土로 제함이 없으면 "동수왕양(冬水汪洋)"이라 하여 늙도록 분파가 있다. 만약 戊土가 투하면 청귀함을 자랑할 수 있다.

∴ 庚辛과 丙丁이 이격되어 장애가 없어야 이로로

영화가 있다. 癸가 壬을 보면 음변양이 되어 壬水와 작용이 같아지므로 재관을 취하니 戊土가 용신이면 丙火로 보좌해야 한다.

或一派庚辛，得丁出制，主名利雙全。若不見丁，又主貧薄。或四柱火多，名財多身弱，富屋貧人。

혹 한 무리의 庚金이 있는데 丁火가 출하여 제하면 명리를 모두 갖춘다. 만약 丁火를 보지 못하면 역시 가난하고 박복하다. 혹 사주에 火가 많으면 財多身弱이라 하여 부옥빈인(富屋貧人)이 된다.

∴ 身旺無依되면 가난하고 복이 없다. 財가 많아도 印綬 比劫으로 日元을 生하면 능히 부격이 된다.

十一月癸水，值冰凍之時，金水無交歡之象，專用丙火解凍，庶不致成冰，又要辛金滋扶，無丙有辛，不妙。凡冬季癸水，有丙透解動，則金溫水暖，兩兩相生，要不見壬癸，自然登科及第，紫誥金章。

子月 癸水는 얼음이 어는 때이니 金水가 서로 기뻐하는 상이 아니다. 丙火를 전용하여 해빙(解凍)하면 얼음이

얼지 않고 이때 辛金의 자부를 요하는데 丙火가 없고 辛金만 있으면 묘함이 없다. 무릇 겨울의 癸水는 丙火가 투하여 해동하면 金水가 온난하여 서로 상생하고 壬癸를 보지 않아야 자연 등과급제하고 금장의 교지를 받는다.

∴ 子月 癸水는 엄한하니 조후가 시급하다. 子月은 癸水의 록이나 庚金은 死하니 辛金으로 자부(滋扶)한다.

或一派壬水, 無丙出干, 寒困之士。一派癸水, 孤賤之流. 或支成水局, 得丙火重出干者, 又主蟒袍玉帶之榮。

혹 한 무리의 壬水가 있고 丙火가 出干하지 않으면 춥고 곤란한 선비이고 한 무리의 癸水가 있으면 고독하고 천한 부류이다. 혹 地支에 水局을 이루고 重한 丙火가 天干에 나타나면 망포옥대(蟃袍玉帶)의 영화가 있다.

蟃袍玉帶 : 곤룡포에 옥대를 두른 형상

∴ 重한 丙火는 천간에 투간한 丙火가 巳火에 통근하여 巳中 丙火 戊土를 함께 취함을 말한다.

或支成金局, 丙火無剋者, 芒鞋革履之流。如辛年 丙月 癸日 有火者, 主恩榮寵錫, 繞膝芝蘭。無火者, 捐資得貴, 位重當朝。

혹 地支에 金局을 이루고 丙火가 제하지 않으면 망혜혁리(芒鞋革履)의 부류다. 만약 辛年 丙月 癸日에 火가 있으면 특별한 은총이 있고 지란(芝蘭)과 같은 자식을 둔다. 火가 없으면 재물을 주고 귀를 얻어 조정의 중요직에 오른다.

芒鞋革履 : 미투리를 가죽신으로 여길 정도로 가난함.

∴ 火가 있다는 것은 地支에 巳午火가 있어 재성을 전용하고 火가 없으면 외격으로 성격됨을 의미한다.

或一派戊己, 名殺重身輕, 非貧則夭。用火者, 木妻、火子. 用辛者, 土妻、金子。

혹 한 무리의 戊己土가 있으면 "殺重身輕"이라 하고 가난하지 않으면 요절한다. 火를 용하면 木이 처요 火가 자식이다. 辛을 용하면 土가 처요 金이 자식이다.

∴ 癸水는 壬水가 없으면 戊土를 取할 수 없고 月令이 건록이라 종살할 수 없어 殺重身輕이 된다.

十二月癸水, 寒極成冰, 萬物不能舒泰, 宜丙火解凍。

或丙透年時，加以壬透，支中多戊，名水輔陽光，主顯達名臣，無戊者，異途之職。若有丙無壬，黌門之客。有壬無丙，戊又出干者，皂隷之流。

丑月 癸水는 한기가 극에 달하여 얼음이 어는 시기라 만물이 성장하지 못하니 마땅히 丙火로 해동해야 한다. 혹 丙火가 年과時에 투하고 壬水도 투출하고 地支중에 戊土가 많으면 수보양광이라 하여 현달하여 명신이 되나 戊土가 없으면 이도로 직위를 갖는다. 만약 丙火가 있고 壬水가 없으면 글방의 손님에 불과하다. 壬水가 있고 丙火가 없는데 戊土가 출간하면 하인이나 종의 무리다

∴ 丑月에는 丙火가 힘이 있어야 유용하므로 득지해야 길하다. 壬水는 丙戊를 떠나 생각하기 어려우며 戊土가 없으면 이도로 직위를 갖는다.

或支見子丑，比肩出干，則有丙透，不能解凍，此屬平常. 或無癸水，有辛與合，亦不爲美。有丁出、頗吉。

혹 지지에 子丑이 있고 비견이 출간하면 丙火가 투해도 해동할 수 없어 이는 평상인에 속한다. 혹 癸水가 없고 辛金이 있어 合하면 역시 아름답지 못하다. 丁火가

출하면 괘 길하다.

∴ 丁火로 辛金을 제하면 丙火가 기반 되지 않는다.

혹일편계기회당 년투정화 명설후등광 야생자귀
或一片癸己會黨, 年透丁火, 名雪後燈光, 夜生者貴,
일생자부 약무정화 우주고빈
日生者否。若無丁火, 又主孤貧。

혹 한편의 癸己가 회당하고 年干에 丁火가 투하면 설후등광이라 해서 밤에 出生者는 귀하고 낮에 出生者는 그렇지 않다. 만약 丁火가 없으면 역시 고독하고 가난하다.

∴ 丑月 癸水는 丙丁火가 없으면 흉한데 丑月 동궁에는 己土가 투하면 丁火를 용하여 설후등광격(雪後燈光格)을 이루어 반드시 과갑 한다. 夜生者는 酉時부터 卯時까지를 말한다.

혹지성수국 무병자 사해위가 일생로고 혹지성화
或支成水局, 無丙者, 四海爲家, 一生勞苦。或支成火
국 유경신투자 의식충족 무금출 고고령정
局, 有庚辛透者, 衣食充足。無金出、孤苦零丁。

혹 지지에 水局을 이루고 丙火가 없으면 사해(四海)가 집이 되고 일생동안 고생한다. 혹 지지에 火局을 이루고 庚辛金이 투하면 의식이 충족하고 金이 출하지 않으면 고독하고 고생하는 보잘것없는 인물이다.

∴ 地支火局에 庚辛이 투하면 財를 감당할 수 있다.

或支成金局，丙透得地，名金溫水暖，彼此相生，定許光大門閭，聲馳翰苑。乏丙者，則文章駭世，總爲孫山。或支成木局，洩水太過，主殘病呻吟，得金出干輔救，技藝之流.

지지에 金局을 이루고 丙火가 득지하면 금온수난(金溫水暖)이라 하여 상생하고 광대문려(光大門閭)되어 그 명성이 한원에 까지 뻗친다. 丙火가 부족하면 문장으로 세상을 놀라게 하지만 결론적으로 후손의 山이 될 뿐이다. 지지에 木局을 이루면 水의 설기가 과도하여 주로 질병으로 신음하고 金이 출간하여 도와서 구하면 기예를 하는 부류이다.

∴ 水木傷官이 되면 총명하나 金이 없으면 실령하여 성공하기 어렵다. 이때도 조후용신 丙火가 있어야 한다.

凡冬月用丙，須丙火得地方妙、不然，則重重丙火出干，安能輕許富貴哉。

무릇 겨울에는 丙火를 쓰는데 마땅히 丙火가 득지해야 묘함이 있고, 그렇지 않으면 설령 重重한 丙火가 출간

해도 부귀를 어찌 쉽게 얻을 수 있겠는가?

∴ 丙火의 득지란 지지의 寅巳午에 통근함을 말한다.